像他们那样
成长·学习·创新

榜样的力量

榜样的力量是无穷的

吴伟丽◎编著

陕西出版传媒集团
太白文艺出版社

图书在版编目（CIP）数据

像他们那样. 成长·学习·创新 / 吴伟丽编著.
—西安：太白文艺出版社，2013.7
（榜样的力量）
ISBN 978－7－5513－0537－2

Ⅰ.①像… Ⅱ.①吴… Ⅲ.①先进工作者－先进事迹－中国
Ⅳ.①K820.7

中国版本图书馆CIP数据核字（2013）第157676号

榜样的力量
像他们那样——成长·学习·创新

编　　著　吴伟丽
责任编辑　王大伟　李　丹　张　鑫
封面设计　飞展书装
版式设计　法思特书装

出版发行　陕西出版传媒集团
太白文艺出版社
（西安北大街147号　710003）
E-mail：tbyx802@163.com
tbwyzbb@163.com
经　　销　陕西新华发行集团有限责任公司
印　　刷　北京海德伟业印务有限公司
开　　本　787毫米×1092毫米　1/16
字　　数　190千字
印　　张　15
版　　次　2013年7月第1版第1次印刷
书　　号　ISBN 978－7－5513－0537－2
定　　价　29.80元

前　言

英国学者菲尔丁说："典范比教育更快，更能强烈地铭刻在人们心里。"好的榜样可以鼓舞人，塑造人、开发人、催人奋进。每个人都应当努力寻找榜样、学习榜样，甚至成为别人的榜样。

榜样的力量是无穷的，任长霞、吴仁宝、王进喜、罗健夫、焦裕禄、孔繁森……虽然这些名字已经有些生疏，但他们身上所闪现的精神、他们的风范和人格魅力，对于今天的我们来说，仍是一笔极其宝贵的精神财富。他们当中有不畏黑暗势力的警察，有几十年孜孜以求的科学家，还有不畏艰辛、救死扶伤的白衣天使——但更多的是奋斗在生产第一线的普通劳动者，或许他们终生默默无闻，却在自己平凡的岗位上为社会做出了巨大的贡献。

他们是时代精神的缩影：构成了一个时代的记忆，代表着我们未来努力的方向，是我们工作生活的旗帜和标杆。

《像他们那样——成长·学习·创新》主要内容包括成长篇、学习篇、创新篇三个部分，分别介绍了与成长、学习、创新有关的名人故事。比如在苦难中成长起来的成吉思汗，在困难中依然坚守信念的松下幸之助，通过不断学习，最终为国家做出重大贡献的竺可桢，还有坚持创新，不断演绎传奇神话的史蒂夫·乔布斯……语言通俗易懂、情节跌宕起伏，内容丰富新颖。鼓励、引导青少年以他们为榜样，最终实现自己的人生梦想。

目录

第一章

命运多舛，在苦难中成长

拿破仑·希尔曾说："世上没有所谓的失败，除非你这样认定。"苦难对于我们每个人来说都只是暂时的，除非你就此放弃而让它成为永久性的。其实，命运多舛，并不是坏事，它能让我们在苦难中成长，能让我们更富有经验。每次我们尝试去做，即使没有成功，也可以学到一些东西而有助于我们实现最终目标。

在苦难中成长起来的一代天骄——铁木真

铁木真，即成吉思汗，是蒙古开国君主。成吉思汗统一了蒙古高原，对民族融合起了积极作用。他攻金灭夏，为元朝的建立奠定了基础。他在战略上重视远交近攻，力避树敌过多；在战术上注重探敌情、分割包围、远程奇袭、佯退诱敌、在运动中歼敌。历史上称他“深沉有大略，用兵如神”。

1162年，蒙古乞颜部也速该（姓孛儿只斤）的毡帐里出生了一个男孩。也速该为他取名为铁木真（意为“精钢”）。铁木真9岁那年，父亲也速该被塔塔儿人毒死。此后，孛儿只斤家族迅速衰落。原来与之结盟的泰赤乌家族见状，无情地撇下铁木真一家，独自迁徙到远方。

孛儿只斤家族最衰微的那一年，铁木真不到10岁，弟妹年龄更小。家中既缺乏牲畜，又缺少劳力，以至于穷得“除影子外无伴当，尾子外无鞭子”，其生活的艰难可见一斑。铁木真的母亲很能干，拉扯着孩子们勉强维持生活。这时，泰赤乌家族的首领却落井下石，不断地寻衅滋事，打击孛儿只斤家族。一次，他们对铁木真一家的住地进行突然袭击，俘虏了铁木真。他们在小铁木真的脖子上套上木枷，拉着他到处示众。这对铁木真幼小的心灵是极度的摧残。但这没有摧垮他，铁木真利用泰赤乌人举行宴会的机会，用枷锁奋力打倒了看守人，在奴隶锁儿罕失剌父子的帮助下，逃回领地。

铁木真逃回后为了防止再次遭到袭击，把全家迁到肯特山区。铁木真全家及其部众在肯特山一带安定下来。几年之后，铁木真和翁吉剌部姑娘孛儿帖结了婚。这样，他取得了翁吉剌部的支持。婚后不久，蔑儿乞部突然袭击了铁木真的营帐。铁木真措手不及，在混战中惨遭失败。他逃进了不儿罕山，但他的妻子孛儿帖却被蔑儿乞部俘虏。艰辛的遭遇，接连的打击，不仅没使铁木真灰心丧气，反而使他更加坚强，同时也使他变得无情和残忍。他决心积聚力量，恢复自己家族的势力和威望。

铁木真知道，单凭自己的力量不能战胜强大的敌人，只有利用蒙古各部之间的矛盾，联合一些部落，壮大自己的力量，打击另外一些部落。铁木真首先想到的是父亲生前的“安答”（结义兄弟）——克烈部的首领王罕。为了争取王罕的支持，铁木真忍痛把妻子的嫁妆黑貂裘献给王罕，并认他为义父。不久，铁木真前往王罕那里，请求他出兵帮自己夺回妻子，王罕欣然同意。铁木真召集过去自己家族的部众，又联合自己的“安答”札木合，组成三方面的联军，突袭蔑儿乞部落。蔑儿乞部大败，铁木真乘机夺回妻子孛儿帖，同时壮大了自己的力量。

没有多久，札木合的弟弟由于抢掠铁木真的马群被杀。札木合以此为借口，纠集13个部族共3万人向铁木真进攻，铁木真也把自己的士兵分成十三翼迎战札木合。双方在克鲁伦河畔展开激战，这就是著名的“十三翼之战”。是役以铁木真的失败告终。

几年之后，塔塔儿部首领蔑古真反抗金国，金国派大将军完颜襄会同克烈部王罕和铁木真联合出兵进攻塔塔儿。塔塔儿部被打败。铁木真通过这次战斗不仅报了杀父之仇，还掳获了许多部民和牲畜，大大充实了自己的力量。接着，他又陆续吞并了几个部落，进一步壮大了实力。1201年，铁木真联合王罕，击败了札木合部。第二年，铁木真乘胜全歼残余的塔塔儿人。至此，蒙古高原东部的各部基本上都归顺于铁木真。铁木真的势力不断扩大，使得王罕大为震惊，二者的关系逐渐恶化。

1202年春，王罕纠集札木合等部落向铁木真发动突然袭击。铁木真失利，被迫退到班朱泥河一带。铁木真饮河水立誓：“如果我建立大业，一定和追随我到此的兄弟同甘共苦。如果违背誓言，就像这河水一样。”这就是著名的班朱尼河之誓。此后，铁木真在贝尔湖以东的地方逐步站稳脚跟，恢复了军事实力。王罕却骄傲麻痹，整天欢乐歌舞。一天深夜，铁木真悄然派兵包围了王罕的驻地，突然发起进攻。经过三天三夜的激战，铁木真完全消灭了克烈部的有生力量。王罕潜逃至鄂尔浑河畔，被乃蛮部杀死。不可一世的克烈部被消灭以后，蒙古高原上唯一能够与铁木真抗衡的就是西部的乃蛮部。

1204年夏，铁木真率部与乃蛮部交锋。乃蛮部军纷纷逃散，几乎没有经过激烈的战斗，乃蛮部首领阳塔罕被蒙古军俘虏。乃蛮部灭亡后，蒙古高原上再没有哪个部族能够和铁木真争锋。铁木真的威名震动了整个蒙古高原，不久被推举为成吉思汗。

尝尽人生酸甜苦辣的小说家——吴承恩

吴承恩生于一个由下级官吏沦落为商人的家族，自幼聪慧，但屡试不第，到中年才得到“岁贡生”的功名。后来，他流寓南京，长期靠卖文补贴家用。他的作品《西游记》是不朽的神魔小说，是中国四大古典名著之一，颇负盛名，为历代人所钟爱。

吴承恩的父亲吴锐乐观豁达，奉行知足常乐的哲学。但他不希望儿子同自己一样碌碌无为，因此为儿子取名承恩，字汝忠。这个名字意味着父亲希望他将来能够做大官，上承皇恩，下泽黎民，做一个流芳百世的忠臣。

吴承恩小时候确实没有辜负父亲的希望。他天资聪慧，勤奋好学，一般的文章都能过目成诵。他两三岁时就能够读诗，6岁时入私塾读书。有了老师的专门教导，吴承恩学业进步得很快。少年时，他就因才学而名冠乡里。人们都对他刮目相看，相信他日后肯定能做大官。但随着年龄的增长，吴承恩的兴趣发生了转移。他愈来愈觉得“四书五经”过于枯燥乏味，稗官野史却蛮有情趣。

他特别喜欢捕捉新鲜事物，更喜欢读神仙鬼怪、狐妖猴精之类的书籍，而且在读书时还做了许多笔记和摘录。吴承恩最钟爱的小说野史是《百怪录》和《酉阳杂俎》。书中光怪陆离的神话世界，使他潜移默化地养成了搜奇猎怪的嗜好，这为他日后创作《西游记》奠定了基础。

少年时的吴承恩听淮河水神及僧伽大圣等神话故事非常着迷，有时连续几天都沉浸在离奇的故事情节中。随着时光的流逝，吴承恩步入了青年时代，但他对神话故事的兴趣有增无减，并且养成了狂放不羁、轻世傲物的个性。对此，他的父亲十分恼火，多次劝说儿子重新步入“正道”，吴承恩却毫不动心。商人的社会地位本来就低，又加之父亲的生意每况愈下和这位大才子的“不务正业”，吴家逐渐招来连绵不绝的嘲笑。以前被人交口称赞的日子一去不复返了，吴承恩父亲感到希望越来越渺茫。

吴承恩20岁时，尽管他与父亲关系不和，但父亲还是给他张罗了一门亲事。不久，吴承恩与同乡的一位叶姓姑娘结婚，二人婚后的感情非常好。吴承恩虽然狂放不羁，但品行端正，始终忠于自己的妻室。也许是由于妻子的劝诫和勉励的缘故，他重新拾起了“四书五经”。几年之后，吴承恩在府学岁考和科考中获得了优异的成绩，并取得了科举生员的资格。这着实让吴家人高兴了一阵子。吴承恩自己也觉得很光彩，一度还踌躇满志起来。时隔不久，他与朋友结伴去南京参加乡试。遗憾的是，平时写诗作文的才华远不如他的同伴都考取了进士，他这位誉满乡里的大才子竟名落孙山。

他这次落第，对父亲的精神影响很大。翌年春天，他的父亲吴锐怀着巨大的遗憾去世了。接受初次失败的教训，吴承恩在家人的鼓励下，在此后三年的时间里专心致志地在八股文上下了一番苦功。然而，在1534年秋的考试中他仍然没有考中。吴承恩羞恨交加，并于这年冬天病倒了。生病期间，他有时感到万念俱灰，真想一死了之。但是，看着床前的妻子、母亲和未成年的孩子，他又恢复了生活的勇气。

但父亲的去世，两次科举考试的失利，对吴承恩的打击太沉重了。在他看来，不能考取举人，不仅无法改善生活状况，而且愧对父母，有负先人。可是，他又不认为没能考取功名是因为自己没本事，而是命运不济，他认为

“功名富贵都由天命决定，不是人力所能左右的”。正当吴承恩失意无奈之际，生活上的困顿又给他带来了巨大压力，这种压力并不小于科考的失利。因为父亲过世了，他需要应付全家人的开支，但他却没有顶门立户的能力，也缺乏养家活口的手段。因此，全家人的生活只能依靠他每月从学府里领回的6斗米。

科场上的失意、生活上的困顿，使吴承恩对封建科举制度和黑暗社会现实有了更为深刻的认识。品尝了人生酸甜苦辣的吴承恩，开始更加清醒、深沉地思考社会人生的问题，并且向不合理的社会抗争。他愈来愈倾向于用志怪小说来表达内心的不满。在与残酷的现实生活作斗争的过程中，吴承恩怀着满腔热情，蘸着自己的血泪，写下了不朽的《西游记》。

百炼成钢的人民音乐家——冼星海

冼星海自幼喜爱音乐。1928年考入上海国立音乐专科学校学习小提琴，1929年赴法国巴黎学习小提琴和作曲理论。1935年回国后，他在上海、武汉等地投身于抗日救亡运动，创作了《救国军歌》《到敌人后方去》《在太行山上》等救亡歌曲。他于1938年来到延安，在鲁迅艺术学院任教，创作了《黄河大合唱》《生产大合唱》等经典作品。1940年，他被派往苏联工作学习，后病逝在苏联。冼星海出生在澳门的一个贫苦船工家庭。他出生前父亲就去世了，母亲靠给人家做佣工和外祖父接济生活。6岁时，冼星海进私塾读书。不久，外祖父又去世了。他随母亲一起漂泊到了新加坡，1918年才回国。因交不起学费，他进入一所教会学校读书，并参加了学校的乐队。

此时，他表现出一些音乐方面的天赋，擅长吹奏单簧管，有“南国箫手”的美誉。20岁那年，冼星海打算学拉小提琴。但当时他手头拮据，根本买不起一把小提琴。后来，他费尽周折才从朋友那里借到一把破得不像样子的小提琴，就这也把冼星海乐得不得了。他先把琴身和弓子擦洗了一遍，第二天一大早就拿着小提琴到寝室外面的草地上练习。不料，他刚把弓子搭在琴弦上拉了一下，琴弦便发出“吱吱”的怪声。这时，寝室里一位睡懒觉的同学一骨碌从床上爬起来，向室友打听：“嗳，听见没有，哪儿在宰鸡？”那位同学也正睡得迷迷糊糊，就说：“像，今天是什么日子呀？”这时，从外面进来一个同学，听他们俩议论宰鸡的事，就说：“这哪是杀鸡呀，那是冼星海在拉小提琴。”此语一出，三个人都笑得前仰后合。从此，冼星海便有了“宰鸡能手”的绰号。

他听了别人的嘲笑，羞得无地自容，但并不气馁，而是继续练习。1926年，冼星海卖掉了一些衣物，同时又得到朋友的资助，凑足了路费来到北京，考入北京大学音乐传习所。学习期间，生活没有着落，他就靠在学校图书馆当兼职助理员挣微薄的薪水来维持。生活上的窘迫没有使他消沉，他师从著名音乐家萧友梅博士，刻苦学习拉小提琴。两年后，他考入上海国立音乐专科学校，主修小提琴和钢琴，琴艺长进很大。

1929年，冼星海漂洋过海，来到世界音乐文化名城巴黎学习音乐。刚到巴黎时，生计成问题，他不得不花费大部分时间去解决温饱。他经常在餐馆里当跑堂，在理发店做杂役。这类工作既繁重收入又少，他几次饿昏在街头。有一天晚上，冼星海在一家理发店打杂，由于这家店面的生意很好，他连续几个小时没有一点休息时间，累得直出虚汗。次日凌晨1点多，老板让他下班休息。他从店里出来就感觉头重脚轻，走起路来晃晃悠悠。途中，他见塞纳河畔的梧桐树下有几把躺椅，于是打算在那里休息片刻。冼星海太累了，一沾到椅子边就睡着了。连冻带饿，又加上身体极度虚弱，他昏了过去。清晨，巡逻的法国警察见一个衣衫褴褛的人躺在椅子上，碰碰他又没动静，以为是一个冻死的乞丐，于是打算把他送进当地的陈尸所。可是，就在他们对“尸体”的基本情况进行登记时，冼星海又醒了过来，警察着实吃了一惊。

冼星海的生活困难到了极点，但还是否极泰来。时过不久，他遇到了中国留学生马思聪。马思聪见他音乐方面的天赋不凡，就把他引荐给法国巴黎歌剧院的首席小提琴师奥别多菲尔和著名作曲家杜卡斯。两位大师见他如此落魄，仍然不忘学习音乐，十分钦佩他的毅力，于是推荐他进入巴黎音乐学院高级作曲班学习，还破例免去他每月200法郎的学费。他不负众望，入学不久，就根据我国唐朝诗圣杜甫的《茅屋为秋风所破歌》创作了奏鸣曲《风》，并排进了巴黎音乐学院新作品演奏会的节目单。但是，由于他的衣着不够华丽，竟然被音乐厅的保安拦在了门外，费了半天口舌，他才进入大厅。他的演奏一鸣惊人，令在场的所有音乐教授都惊呆了，并获准在电台播出。

1934年，冼星海写下了《D小调小提琴奏鸣曲》。该曲演奏完毕后，评委会主任杜卡斯宣布："我们决定给你荣誉奖，按照学院的相关规定，你可以自己提出适当的物质要求。"听说还有物质奖励，冼星海兴奋极了。冼星海以惊人的毅力克服了常人难以想象的困难，终于于1935年夏圆满完成学业，成为一位小有名气的音乐家。

冼星海在短暂的一生中，创作出了不少不朽名作，如脍炙人口的《黄河大合唱》和《生产大合唱》等作品，并写有交响曲《民族解放》《神圣之战》，管弦乐组曲《满江红》，管弦乐《中国狂想曲》以及小提琴曲《郭治尔·比戴》等。此外还写了《论中国音乐的民族形式》《聂耳——中国新兴音乐的创造者》等大量音乐论文。冼星海对我国的革命音乐做出了巨大的贡献，赢得了"人民音乐家"的光荣称号。

在黑暗中寻找光明和希望——高士其

高士其出生在福州的一个知识分子家庭，从小受到良好的家庭教育。他天资聪慧，4岁时就能读书写字、背唐诗。6岁那年，高士其开始上学了。第一天天不亮，他就跑到学校，老师和同学一个也没有到，只有烧开水的老头在门口打哈欠。

老师知道了这件事后，连声夸赞高士其，说："你求学这样心切，如此勤奋，将来一定会学业有成，成为有用的人才。"高士其在学校认真听讲，回家专心致志地做功课。有一次，由于看书时过于专心，油灯烧着了头发，他竟浑然不觉。他平时喜欢读各种书籍，积累了广博的知识，经常受到老师的表扬和同学们的赞扬，但他始终严格要求自己。

13岁那年，高士其以优异的成绩考入清华留美预备学校（清华大学前身）。不久，他踌躇满志地奔赴北京。一路上，他目睹了中国的贫弱和外国人对中国人的歧视，便暗下决心："一定要努力学习，到美国学习新科学，回来拯救积贫积弱的祖国。"

入学后，由于成绩出众，高士其被直接编入二年级。他的大部分科目学起来都游刃有余，只是英语基础太差，学起来很吃力。但他很明白：去美国留学，全得靠英语，英语上不去哪能行呀。为了攻克英语关，他把生单词记在小本子上，一有空闲就读、背。渐渐地，他的英语成绩赶了上来，期末考试时还得了"英语优等奖章"。

各门功课当中，高士其最感兴趣的是生物学。他通过显微镜看到了微生物世界的小魔王——细菌的奥秘。在毕业考试中，他的生物学、英语等科目都获得了优等奖章。1925年，他被保送到美国留学深造。他怀着战胜"小魔王"的理想，先后在美国的好几所大学攻读细菌学。1928年的一天，他正在芝加哥大学医学研究院的细菌学系实验室做实验。实验中，需要给豚鼠注射甲型脑炎病毒，然后取出它们的大脑进行观察。不巧，这几天他的左耳有些炎症，但他舍不得放下实验，休息几天。

正当高士其聚精会神地观察豚鼠反应的时候，"嘭！"地一声，桌上一支装满甲型脑炎病毒的试管爆裂了，毒液四溅，弄了他一身一手。他把破裂的试管处理了一下，又继续投入实验。他没有想到，此时巨大的灾难正向他袭来。几天之后，他的左耳时常出现耳鸣，脖子有时转动困难，以前麻利的双手竟然颤抖得拿不住试管。他怀疑自己患上了甲型脑炎。经过医生诊断，确实如此，病因就源于那次试管破裂，毒液中的病毒通过患炎症的左耳膜侵入小脑。医生说，他最多还能活5年。

这个打击太突然了。他从医院出来，觉得天旋地转。“难道一切就这样结束了吗？”高士其不断地问自己。校方得知这个消息后，劝他中止学业，回国休养。经过慎重考虑，高士其决定留下来，继续学习。尽管疾病时常发作，但他仍然坚持工作，最终完成了医学博士的全部课程。

1930年秋，高士其回到阔别5年的祖国。他怀着满腔热忱归来，然而等待他的却是失业和饥饿。他费尽周折，才在南京中央医院弄到一份检验科主任的差事，但是连申请购置一台显微镜的要求都得不到满足。他无奈地离开了，来到上海，靠做翻译工作和当家庭教师来维持生计。由于长期的营养不良，他的病情加重了，生命危在旦夕。

在此期间，他逐渐与艾思奇、张天翼、董纯才等文化界的进步人士有了往来。艾思奇把一些马克思主义经典著作介绍给他，使他在黑暗中看到光明和希望。他渐渐明白：要想消灭害人的“小魔王”，必须先消灭社会上鱼肉人民、阻碍社会进步的“大魔王”。

从此，他用颤抖的手拿起笔，作为武器，投身于擒拿大小“魔王”的战场，并取得了丰硕的成果。

轮椅上的梦——张海迪

1955年，张海迪出生在山东济南。她原本有着幸福快乐的童年。5岁那年，她患上了脊髓血管瘤，病情十分严重，以至于5年中做了3次大手术，脊椎板被摘去6块，最后高位截瘫。病魔使得原来天真活泼的张海迪只能整天躺卧在病床之上。

尽管过去的小伙伴经常来看她，给她讲学校里的事，但她一个人在屋子里的时间久了，仍然觉得心烦意乱。她想不明白，为什么命运对自己如此不公平。她越想越气，就把那些放在周围的玩具扔得到处都是。但是，当小海迪听到开门声的时候，就赶紧把那些东西捡起来放在身边，因为她不想让妈妈伤心，她更不想把这份痛苦留给妈妈。

一天，小海迪终于抑制不住心中的渴望，就对妈妈说："妈妈，我想上学！"听了她的话，妈妈哭了。她知道小海迪渴望知识，就说："孩子，妈妈和爸爸会让你学到知识的！"妈妈开始想请家庭老师来教她，但家里的经济条件不允许，妈妈便利用下班后的时间教她。

小海迪渴望知识，特别爱学习，但手术造成的肋间神经痛经常把她折磨得死去活来。一次剧痛之后，她感到异常疲倦。妈妈说："这些作业你明天再完成吧。"小海迪却郑重地说："今日事今日毕！"妈妈感动地流下泪水。小海迪明白，学习是自己的事，绝不能拖。但病魔却是无情的，每当病痛难忍时，她就猛揪自己的辫子，以期用一种疼痛来代替另外一种疼痛。渐渐地，她揪下来的头发都能编成一条辫子了。

10岁时，小海迪开始写日记。她把每天的重要事情与情感都写下来，很好地锻炼了自己的写作能力。除了语文，小海迪对其他功课也非常用心，不肯浪费一点时间。她以顽强的意志，认真学习，用心对待每一句话，每一道题目。小海迪用几年时间，自学了小学和中学的全部课程，实现了"轮椅上的梦"。她没有愧对自己的童年，没有愧对那些美好的光阴。

1970年，张海迪全家被下放到山东聊城的莘县，开始了农村生活。她的善良、热情和乐观赢得了大家的喜欢，孩子们都愿意推她出去散步。一天，张海迪幸福地坐在木轮椅上，由孩子们轮流推着，来到了田野。她平生第一次看到青山绿水、绿油油的麦田和弯曲的小路。"天地真大呀！"她由衷地感叹。孩子们推着轮椅飞跑，各种景物在海迪的眼前一晃而过。她的思绪像长了翅膀一样，随风飘向远方。这时，由于推得太快，木轮椅突然翻倒，张海迪摔在地上，胳膊都流血了，可她还和孩子们一起哈哈大笑。

农村的生活非常艰苦，大家都没有什么吃的。但谁家要是偶尔能吃上一点好东西（比如萝卜馅高粱米面的包子），都忘不了给张海迪带去一些。张海迪把乡亲们给自己的爱铭刻在心。她时常想，自己能为大家做点什么呢？当她看到村里缺医少药，人们大病小病都得到几十里外的卫生院治疗时，便产生了一个想法："我不能下地干活，但为什么不学着给人看病呢！"从此，她开始在昏暗的油灯下学习各种医学书籍，还托人买来体温计、听诊器和针灸用的银针。不久，她便成了一位远近闻名的乡村医生。张海迪在不到三年的时间里为村民们治病达1万余次，她的针灸技术尤其出名。由于经常靠在轮椅上给人看病，她的肋间神经痛时常发作。但是，为了治好更多的病人，张海迪始终一声不吭地坚持着。

她一边为人治病，一边自学英语。没有老师教，她就跟着收音机学，没有语言环境，她就自己跟自己对话。据说，她家里的每一本英语书都被撕得只剩下封面和封底。这是怎么回事呢？原来，张海迪知道，如果不一页页地把书撕掉，自己就容易产生依赖性，学得很慢。于是，她发明了这种强化记忆的方法。

张海迪以惊人的毅力，克服了各种不利条件，数十年如一日坚持学习，终于自学成才。1981年12月，《人民日报》首次报道了张海迪的先进事迹。人们掀起了向张海迪学习的热潮。

残缺的是身体，完美的是人心——成洁

成洁的家在四川省南江县一个偏僻的山乡。父亲成家范是高塔乡粮店的

会计，母亲胡化莲是个贤惠善良的农村妇女。1985年3月11日，年仅9岁的成洁在外玩耍时，不慎被变压器的高压电流击倒……从医院出来，成洁失去了双臂。

生活向小成洁展露了极其残酷的一面：她不能读书写字，不能和伙伴一起游戏，吃喝拉撒睡全得靠父母照料。她感觉自己成了一个废人、一个包袱。这对要强好胜的她来说，是一个多么沉重的打击啊！

不幸中，她的父亲鼓励她要向命运挑战，做生活的强者。一次，成洁想喝水，可旁边没有人，她只好挣扎着起来，用嘴去咬杯子，结果杯子没咬住，自己却从床上摔到地上，摔得鼻青脸肿，双臂的伤口也流出了许多鲜血。剧烈的疼痛没有击倒她，反而激起她心中强烈的欲望：我要练脚！我要自己料理自己的生活。

她从用脚翻小人书开始练习，用一只脚压住书，另一只脚的脚趾学着手指的样儿翻书。起先，她很难做到一页一页地翻，一翻就是一大沓，几经折腾还是翻阅不成，气得她一脚把书踢飞了。但过了一会儿，她又把书夹回来。她清楚地知道，如果自己不学会翻书的话，以后就连书都看不成了。于是她咬咬牙，又开始练习了。

父亲看女儿练得这么苦，心疼得不得了，但为了女儿的将来，他也狠下心来，守着成洁一起练。父亲先让她练压腿，待练到她弯下腰能用脑袋触碰脚尖时，父亲又要求她练习将一条腿抬起来挨着头顶，以便将来可以用脚向高处挂、取东西。在艰难的练习中，因没有双臂做调节，当她的一只脚往上抬时，身体就会失去平衡，整个身子跌下去。而且，没有手做支撑点，无论她如何挣扎、翻动，也难以爬起来。而她手臂的伤口在剧烈的滚动、碰撞中，渗出了殷红的血水。她嘶哑着嗓子对爸爸哭叫道："太苦了！爸爸，这样练还不如让我死……"

爸爸听了，心如刀绞。可以说，每次陪成洁练习，对他都是一种情感上的摧残。他蹲下身，用手抚摸着女儿的脸，柔声说："洁洁，你不是说过，你和典子（典子是日本影片中一个先天没有手臂的小女孩，成洁在之前看过她自强不息的故事）都是吃妈妈乳汁长大的吗？她能做到的，你也能做到！”

成洁扑闪着美丽的大眼睛看看爸爸，又望望蓝天白云，猛地点头道：“爸爸，我会自己起来的。我练，我一定要练下去！”成洁咬咬牙，用头顶着地面，一分钟、两分钟、三分钟……她终于靠自己的努力爬起来了。

望着满脸灰土、血迹斑斑的女儿，成家范情不自禁地搂住她哽咽道：“洁洁，你是好样的！”

由于截肢时截掉了成洁的肩关节，伤及大血管，使她全身血液循环受到极大影响，加上日夜练脚，耗去了大量精力，营养又没跟上，使她身体衰弱，严重贫血，可这一切都无法阻挡她练脚！

她学会了用脚向高处挂东西、取东西，用脚夹筷子吃饭，而后她又学会了用脚扣扣子、叠被子、洗脸、刷牙、梳头……她用脚写出来的钢笔字漂亮得让许多有手的人看了都感到羞愧！

她在康复期间，不仅练习了用脚料理自己的生活，还在老师同学的帮助下补上了所有的功课。当年秋季开学，失去双臂的成洁竟背上书包，重新回到自己原先的班级上课。那天，全校几百名学生以热烈的掌声真诚地欢迎成洁——这个勇敢的小姑娘回到他们中间来。

冬天，她那双裸露在外的脚经常冻得开裂流血，但这一切都不能阻止她像正常孩子那样学习。

在县里的一次统考中，成洁的成绩在全乡几百名考生中名列前茅。

1994年夏，成洁高考完毕，面对多种选择，她选择了江西一所民办大学。为学到新东西，成洁又创造了一个奇迹：用脚操作电脑。她在参加国际商务英语专业的自学考试中，16门功课平均成绩名列江西省第一名。在如期拿到大专文凭后，又凭着自己的实力考进江西教育学院的英语本科班。

1998年7月，成洁大学本科毕业后，毫不犹豫地拒绝了种种诱惑，选择了回母校当英语老师的工作。1999年9月，她考进南昌大学汉语言文学专业，读在职研究生。

不向命运低头——海伦·凯勒

海伦·凯勒1880年出生于美国亚拉巴马州的小镇塔斯康比亚。父亲凯特·凯勒出身于名门望族，是当地的知名人士。母亲也来自一个显赫的家庭，是当地有名的美人，是凯特·凯勒的第二个妻子。

小时候的海伦十分招人喜爱，然而在1岁多一点的时候，一场大病毁坏了一切，多日的高烧使她昏迷不醒。当她终于苏醒过来的时候，却变得又聋又哑又瞎。从此，她陷入了一个黑暗、沉寂的可怕世界。她的父母对此感到非常痛苦和绝望，却又无可奈何。

深爱孩子的父母，一刻也没有放弃过对海伦的关爱。在海伦7岁那一年，父母为她请来一位教师，就是改变海伦未来命运的安妮·莎莉文小姐。

那时，安妮·莎莉文刚刚20岁，却接受了一件几乎不可能的事——教导一位又聋又哑又瞎的小女孩。

安妮·莎莉文小姐在见到海伦时送给她一个玩具娃娃，海伦很高兴，学习也就从此开始了。

海伦10岁时，开始练习说话。然而要突破说话这一难关并不容易，由于她是用触觉来领会发音时喉咙的颤动和嘴的运动的，而这通常是不准确的。为此，海伦不得不反复练习，有时一练就是几个小时。当她终于能说出英文字母，并且能说出完整的句子“我现在不哑了”时，她一遍遍地重复着说，感到又惊奇又快乐！当她流利地说出“爸爸”“妈妈”“妹妹”时，全家人都惊喜地拥抱她。

1894年夏天，海伦被送到纽约赫马森聋人学校上学，这里需要学的东西很多：数学、自然、法语、德语。没过几个月，她便可以自如地用德语交谈；不到一年，她便读完了德文版《威廉·泰尔》。后来，她没用多长时间就掌握了法语。

海伦20岁的时候，她在学识方面已达到很高的程度。这一年，哈佛大学拉德克里夫女子学院以特殊的方式安排她进行入学考试。面试时，海伦用手在盲文上熟练地摸来摸去，然后用打字机回答考官提出的各种各样的问题。漫长的9个小时过去了，海伦的各科考试全部通过，海伦从此开始了自己的大学生活，她的安妮·莎莉文老师也一直相伴她的左右。

海伦喜爱文学，阅读范围甚广。大学二年级时，她的一位英文教授发现了海伦的写作天才，便建议海伦把自己的见闻写出来发表。于是，海伦的第一部处女作《我生活的故事》诞生了，这部自传性质的作品真实感人，文笔生动形象，在美国引起强烈反响，海伦也因此赢得了全世界的尊敬。

有人说，成功的法宝在于以持之以恒的毅力坚持下去，海伦正是凭借着这种精神，创造了一个又一个奇迹。

1904年6月，她以优异的成绩从哈佛大学拉德克里夫学院毕业，成为世界上第一个完成大学教育的聋盲人。1906年，她被任命为马萨诸塞州盲人委员会主席，开始了第一份为盲人服务的具体性社会工作。美国盲人基金会就是在海伦参与下多方努力创建起来的。

每一次他都顽强地重新"站"起——史蒂芬·霍金

1942年1月8日，史蒂芬·霍金出生的时候，他的家乡伦敦正笼罩在希特勒的狂轰滥炸中，为此史蒂芬不得不出生在邻近的城市牛津，面向世界发出了他的第一声啼哭。

史蒂芬小时候矮小瘦弱，可是如果有人因此想借机欺侮他，将得到毫不犹豫的反击。史蒂芬在学校经常衣服散乱，衣领上带着墨水的痕迹；他喜欢与人讲话，急于表达自己的思想，为此反而显得句子含混；他的学习成绩并不十分出色，不过老师们公认他是一个十分聪明的学生。

史蒂芬热衷于搞清楚一切事情的来龙去脉，因此当他看到一件新奇的东西时总喜欢把它拆开，把每个零件的结构都弄个明白——不过他往往很难再把它装回原样，因为他的手脚远不如头脑那样灵活，甚至写出来的字在班上也是有名的潦草。

史蒂芬在17岁时进入牛津大学学习物理。他仍旧不是一个用功的学生，而这种态度与当时其他同学是一致的，这是战后出现的青年人的迷惘时期——他们对一切厌倦，觉得没有任何值得努力追求的东西。

牛津的最后一年，史蒂芬·霍金发现自己的行动越来越笨拙，他无缘无故地从楼梯上摔下来，差一点因此失去记忆。最终医生诊断他患了卢伽雷病，即运动神经细胞病，并宣判这个21岁的青年恐怕活不了多久了。

史蒂芬·霍金后来说：当你面临夭折的可能性时，你就会意识到生命是何等宝贵，多少事情你还没有完成。在与疾病对抗的同时，霍金开始沉入对世界的思索中，向爱因斯坦这位前辈伟人的相对论迈出批判的第一步。当然，更为重要的是，他结识了未来的妻子简，在以后的许多日子里，正是她支持霍金顽强地生存与奋斗下去，而且给他带来了正常的家庭快乐——出乎医生意料的是，这个他断言即将死亡的病人不仅一直活了下来，甚至有了自己的三个孩子。

霍金曾经告诉记者，他比患病前更加快乐，因为他找到了人生的价值所在，找到了生命的成就感，对人类知识做出了适度的却是有意义的贡献。他说："当然，我是幸运的，但是任何人只要足够努力都能有所成就。"

不过，霍金身体状况的确越来越糟糕，他渐渐失去了行动的能力。在1985年因肺炎造成的手术中，他甚至失去了讲话的能力——在一段时间中，他飞驰的思想只能被封闭在自己的大脑中。无法与人交流，这使他觉得生不如死。所幸的是，科技的发达最终使他得以借助电脑和语言合成器，重新表达自己的思想，甚至能够在众人面前演讲。

在这期间，已经在剑桥获得博士学位的霍金与妻子一起争取学院的宿舍，“目睹”三个孩子的成长，一次次指出自己手下研究生论文中的错误……当然，更重要的是他的思想在广阔的宇宙中遨游——他指出爱因斯坦的广义相对论将在所谓“大爆炸奇点”失效，因此将量子力学引入对宇宙诞生的探索，最终得到宇宙无始无终的结论，并创造出“虚时间”这一概念；他指出“黑洞”事实上一直都在发“光”，只是极其微弱而已；他以幽默的方式证明了上帝的虚无……

虽然身体的残疾日益严重，霍金却力图像普通人一样生活，完成自己所能做的任何事情。当然，霍金也尝到过“自由”行动的恶果，这位量子引力的大师级人物，多次在微弱的地球引力左右下跌下轮椅，甚至身受重创。然而，幸运的是，每一次他都顽强地重新“站”起。

霍金的顽强同样表现在他与世界各地的科学家们一次次交锋中，而在许多时候，他最终被证明是正确的。于是，霍金这个名字渐渐在人类科学的世界显露出自己的光彩：1975年，教皇在梵蒂冈步下圣坛，将嘉奖“有杰出成就的年轻科学家”的勋章授予霍金，而他的前任在多年前曾经严酷地迫害过布鲁诺、伽利略；1985年，霍金被本行星上最古老的学术组织英国皇家学会吸纳为有史以来最年轻的院士；他在剑桥大学担任着牛顿曾经就位多年的重要教职，被世界公认为是继爱因斯坦后最杰出的理论物理学家，是对20世纪人类观念产生了重大影响的人物。

由街头流浪儿成为一名震惊文坛的作家——安徒生

在丹麦的首都哥本哈根附近，有一个叫富思岛的绿色小岛，岛上有一个叫欧登赛的小城，这里的人们大多是生活贫穷的。这个城里有一对贫苦夫妻，因为太穷了，他们把富人扔掉的棺材架捡来当作床板。1805年4月2日，就在这块棺材架上，诞生了一个啼哭不止的孩子——汉斯·克里斯琴·安徒生。

安徒生虽然是独生子，可是家里太穷了，父母为了生活而四处奔波，根本没有时间照顾孩子。他在外面玩的时候，老是给别的孩子骂作“下贱人的崽子”。后来父亲知道后，便多抽时间来陪安徒生，给他讲《一千零一夜》的故事，那优美的语句和扣人心弦的故事情节，深深地吸引了安徒生，并给他的心灵以启发。

安徒生很懂事，没有漂亮的玩具就自己动手做一些花花绿绿的衣服穿在父亲给他做的木偶上，并从此和木偶结下了不解之缘。因为安徒生的懂事，城里的老婆婆很喜欢他，家里没有人在的时候就去陪他，还给他讲很多有趣的童话故事，还教他认字，借书给他看。安徒生聪颖过人，看过的故事情节很快就能整段整段地背诵。

后来，父亲因病去世了，家里变得比原来更贫穷了。为了让安徒生能接受系统的教育，他妈妈改嫁给一位手艺人。安徒生终于可以到学校里上学了，可是学校只是传经授道，根本不教文化课，安徒生觉得很无聊。由于他是穷孩子，学校里的老师和同学都歧视他，嘲笑他，一气之下他离开了学校。

在安徒生14岁的那一年，哥本哈根的一群演员来到欧登赛表演，让安徒生大开眼界，他才知道世界还有这么美好的艺术，他想要到哥本哈根参加艺术团。1819年9月5日，安徒生带着10块钱和一个破行李卷离开了他的家乡和他的母亲。

安徒生来到了哥本哈根，他想加入艺术团，可是处处碰壁。钱很快就没了，他被旅馆老板赶了出来，想去投靠亲戚，可是亲戚不认他。可怜的安徒生只能流落街头，四处漂泊。

一天，安徒生从报纸上知道一名叫西博尼的意大利人，是哥本哈根音乐学校的校长。于是，他抱着一丝希望去找他。而那天，西博尼正邀请文艺界的名流举办大型宴会。当安徒生要闯进去时，被女管家发现了。安徒生哭着讲述了自己的悲惨遭遇，同是穷苦人出身的女管家被他感动了，便答应向西博尼引见他。女管家向宾客们讲述了这位从欧登赛来的穷孩子为了投身艺术而遭受的种种磨难和不屈的奋斗。大家都被他感动了，纷纷解囊相助。

于是，安徒生解决了温饱问题，还进入了哥本哈根音乐学校学习。可是，由于哥本哈根的天气太冷，他没有钱增添衣服，常常感冒，嗓子不久就坏了。他已经没有希望成为一名优秀的歌手了。安徒生不得不忍着极大的悲痛离开了音乐学校。

学唱歌不行，那学舞蹈总可以了吧！安徒生又决心投身舞蹈了。可是，他的舞蹈基础太差，年纪又很大了，手脚很难达到训练的标准，学舞蹈也没有什么希望了，他不得不又伤心地离开了他要献身的舞蹈事业。

接二连三的挫折打击，给了安徒生极大的精神痛苦，他开始决心走创作之路了。创作也是一个艰苦的事业，但只要勇于奋斗，百折不挠，也可以成为莎士比亚、歌德那样的大文豪。安徒生每写好一个剧本，就送给人审阅，可总是很快就被别人退稿回来。他不灰心，又写了其他的剧本，他把一个叫《阿尔芙索》的悲剧送给名翻译家审阅，翻译家把剧本送给了皇家剧院的导演，请导演看看能否上演，结果依然失败。但导演从剧本里看出了安徒生在文学创作上的天分和才华，便出费用送他进书院深造。安徒生脸上终于露出了一丝宽慰的笑容，他的辛勤终于得到了一点成果。

在书院里，安徒生度过了他难忘的5年，这5年为安徒生打开了走向文学创作的道路，奠定了他成为世界著名童话大师的基础。

1827年，安徒生离开了书院，结束了他的学校生活。这时，他由街头流浪儿成长为一个成熟的青年。他疯狂地投身于写作实践中，从而成为一名震惊文坛的作家，赢得世界文坛的赞叹。

充满心酸的成长历程——卓别林

查尔斯·卓别林一生勤奋探索，艺术上精益求精，从不满足于自己的成就，他以独创的、卓越的、精湛的表演与导演艺术，赢得了世界声誉。

卓别林1889年出生在伦敦，他的父母在伦敦是相当有名的戏剧演员。由于出生在一个演员的家庭，卓别林很小就受到了艺术的熏陶。母亲是一个开朗的女人，在家里总喜欢在空闲时唱歌、跳舞。就是在极端贫困的时候，她也能在卓别林兄弟面前表演轻歌舞曲，逗孩子发笑。在母亲的影响下，卓别林很小的时候就学会了唱歌、跳舞。

但真正让卓别林尝试到舞台美妙滋味的是在他5岁的时候。有一次，他陪妈妈到俱乐部里演唱挣生活费。当他看见妈妈因嗓子不好在演唱的途中遭到嘲笑而被迫离开舞台时，他心里觉得很难受，于是就跟舞台上的领事理论起来了，舞台领事情急之下，把他搀到舞台中央要求他代替妈妈演下去，舞台领事曾经私底下看见过他的精彩表演。面对灿烂夺目的舞台灯和烟雾迷蒙中的大人的脸，小卓别林丝毫不胆怯，愉快地唱了起来。他表演得很精彩，得到了大量的奖赏，当母亲走上舞台领他走时，观众们都报以热烈的掌声。

卓别林有一个悲惨的童年，他的成长历程也是充满心酸的。当小卓别林还在狭小的园子里蹒跚学步的时候，严重的不安开始侵袭他的家庭。维多利亚时代英国的生活并不是风平浪静的，街上到处都是失业者的行列，父亲老查尔斯也面临着失业的厄运，加上他嗜酒成性，这对于不景气的家庭状况来说，无疑是雪上加霜，家庭的重担几乎全部落在母亲哈娜的肩上。不久，父亲酗酒病故，母亲也因辛劳过度病倒了。没有了经济来源的家庭只能把两个可怜的孩子送到孤儿院。从此，卓别林开始了他的苦难成长时代。

在一年多的孤儿院生活中，卓别林过着吃不饱、穿不暖，如同犯人一样的苦难生活。7岁的时候，病好了的母亲终于把他们接回家中，但是好景不长，不久他又无人照管了，再次处于饥寒交迫之中。但他没有回到孤儿院，他成了一个名副其实的流浪儿，沿街乞讨，什么活都干，只要不饿死就行。瘦弱的小卓别林时常遭到人们的蔑视与嘲笑，但他仍然自由自在地生活着。

卓别林早期生活的艰辛和磨难，对其艺术风格的形成以及他后来所具有的坚强的意志，起到了很大的作用。

8岁的时候，卓别林在一个游乐场里找到了第一份正式表演的工作，从此他踏上了喜剧生涯。20岁的时候，卓别林的事业开始有了起色，收入也不算菲薄了，但是他并没有被金钱冲昏了头脑，除了把大部分钱存进银行，其余的钱都只花在他唯一的兴趣上——买书。他爱读书，诗歌、医学著作或政治经济学论文他都读。博览群书的他，为自己培养了良好的品德。

1913年，他到美国，开始从事电影事业，并于1914年在《威尼斯赛车记》中创造了一个悲剧小人物“夏尔洛”，从此这个有特别装束的流浪汉形象风行世界70年，经久不衰。1936年，他主演了无声片《摩登时代》，这是一部有着巨大讽刺力量的影片，影片揭露了资本主义的工业化把人都弄成了疯子。1939年，卓别林秘密拍摄了他的第一部有声片《大独裁者》，揭露和抗议法西斯对全人类的迫害，博得了全世界反法西斯人民的热烈欢呼，成为风行世界的一部优秀作品。

卓别林一生主演过80多部影片，他的一些优秀代表作品，如《安乐狗》《寻子遇仙记》《淘金记》《城市之光》《大独裁者》等，总是寄同情于穷人，而嘲弄那些富人，充满了对受压迫受欺凌的人们的同情。

卓别林在美国居住近40年，第二次世界大战时，由于他参加进步文化活动而受到迫害，于1952年偕同家人一起移居瑞士，直到逝世。

面对严峻生活而永不泯灭的童心——莫扎特

1756年，莫扎特出生于奥地利维的萨尔茨堡。他的父亲奥波德在当地是一位小有名气的乐人，在萨尔茨堡大主教乐队任小提琴手。

也许是受家庭的影响，小时候的莫扎特在音乐方面就显露出了超人才华，被誉为世界上少有的“音乐神童”。

莫扎特在5岁的时候，就弹得一手好钢琴了，他能操一把小提琴与父亲及其朋友一起，凭直接视谱将6支三重奏曲演奏下来。此时刚学一年钢琴的小莫扎特便会自己创作各种小曲子了，被小城里的人称为“小天才”。

父亲看到儿子在音乐方面具有才华，为了让孩子开阔眼界，便带着6岁的莫扎特和他姐姐周游德、奥、法、英、意等各国，开始了长达10年的旅行演出活动。

在英国，8岁的莫扎特幸运地遇到了音乐大师巴赫，在巴赫的亲自指导下，他在艺术领域进一步开阔了视野，有了长足的进步。

12岁时，他就为维也纳歌剧院写了歌剧《假傻姑娘》；14岁时，他为意大利米兰歌剧院写了歌剧，并亲自指挥演出，连演20场，场场爆满。这轰动欧洲的出色成绩，使得莫扎特14岁就获得了意大利音乐中心——鲍伦亚学院院士的称号。

5年之后，莫扎特长成了一个大小伙子，尽管他有旷世奇才，也免不了背负凡人俗世的种种困扰。为了生存，他不得不到宫廷乐队里挣碗饭吃。后来他忍受不了保守封闭的小镇生活，加上不识英才的苛刻雇主，只好请求离职，另谋新职。

第二年，他不顾父亲的反对与康丝坦采结婚，从此开始在维也纳定居，

25岁的莫扎特开始了独立自主的艺术家的生活。

然而，作为艺术家的莫扎特是十分贫穷的，他甚至买不起木炭来温暖他居住的破屋。在寒冷的冬天，他只好把手插进穿在脚上的毛袜里取暖片刻，然后再继续工作。

贫穷没有把他压倒，反而激发了他的创作热情。在他生命中这段异常艰辛的日子，他的几部最重要的歌剧诞生了，如《费加罗婚礼》《唐·乔尼》《魔笛》《女人心》等脍炙人口的歌剧和众多的小夜曲。

莫扎特的音乐常常被人们称作“永恒的阳光”，因为他的音乐即使在表现痛苦和悲伤时，也似乎含有天真纯洁的微笑。他那优美、机智的旋律总是充满明朗、纯朴的气质，他那典雅、热情的灵感像清泉一样纯洁、透明、自然、流畅而喷涌不尽。

莫扎特的音乐给予人们的是经过生活锤炼后的纯真，他那面对严峻生活而永不泯灭的童心让人分外感动。罗马尼亚作曲家艾涅斯库曾说：“莫扎特的音乐如同火山斜坡上的葡萄园，里面火热，充满了翻腾的岩浆，外面却是一片宁静、清新、甜美的景象。”

在维也纳的生活使莫扎特的内心充满了矛盾，一面是辉煌的成就，另一面是失望和潦倒。在维也纳的最后10年，是他作为自由音乐家进行创作的最重要时期，也是他以对艺术对自由的执着信念向社会抗争的10年。

自由对莫扎特来说同时意味着贫困，但莫扎特不怕贫困，他坚强地忍受着贫困的煎熬。然而，贫困却过早地夺去了他的生命，1791年12月，莫扎特病逝于维也纳，年仅35岁。在他去世的时候，屋中没有一根木材取暖，病倒在床的妻子无法为他送葬。临死前，他仍默吟着自己心爱的歌剧《魔笛》的旋律，在音乐的庇护下他默默闭上了眼睛。

坐在轮椅上的美国总统——罗斯福

罗斯福出生于纽约州海德帕克镇的富豪之家。罗斯福的母亲是他父亲的第二个妻子。罗斯福有一个同父异母的哥哥，但他很早就离家在外。罗斯福的降生给这个家庭带来了无比的欢乐，幼小的罗斯福成为父母关注的中心。然而，父母并不娇惯罗斯福，而是严格地管束他。母亲为小罗斯福安排了很严格的作息时间表：7点起床，8点吃饭，早饭后家教学习2～3个小时；下午1点吃饭；午饭后，学习到4点；然后是休息和自由活动的时间。这样，童年时的罗斯福就受到了很好的启蒙教育。

1888年，父亲又为小罗斯福请来了一位女家庭教师，教他学习德语。聪明的小罗斯福很快就能熟练地讲德语了。在学习之余，小罗斯福还经常到图书馆找书看，阅读了不少有关航海、海军的书。后来他曾8次随父母去欧洲，到过英国、法国、荷兰、德国和意大利等地，旅行又使他增长了丰富的知识。

1900年，罗斯福从格罗顿中学毕业后，进入了著名的哈佛大学。四年的大学生活培养了罗斯福各方面的能力，尤其是他对政治的热情，这为他以后的从政道路，打下了良好的基础。后来，罗斯福又在哥伦比亚大学学习了三年，取得了律师资格。毕业后，他在一家赫赫有名的律师事务所工作。

1921年8月10日，罗斯福与家人乘游艇在湖上度假，突然发现一座小岛上发生了火灾，全家人都投入到扑灭山火的行动中。两小时后，山火被扑灭，又累又热的罗斯福跳进湖水中洗澡。由于湖水太凉，没过一会儿，他就爬上岸来。回家后，罗斯福忙着处理文件，没有把湿衣服换下来。没想到第二天他就病倒了，第三天病情迅速恶化，手脚都不能动弹了。经医生诊断，罗斯福得了脊髓灰质炎。

发病后，罗斯福的双腿瘫痪了，并且还在向上蔓延。这突如其来的打击让罗斯福苦不堪言，但他没有气馁。在医生的指导下，罗斯福每天都坚持锻炼，终于依靠固定在腿上的钢架站了起来，而且学会了自己操作轮椅．从此轮椅成了他的代步工具。

长期的疾病能令人意志消沉，然而对罗斯福来说，却不是这样。疾病使他克服了从前急躁的毛病，使他能安静下来，集中所有的精力和体力去干手头的工作。而且疾病更坚定了他从政的远大抱负。在总统竞选期间，他的轮椅几乎走遍美国，他那“身残志坚”的精神为他赢得了更多的选民。

1929年以后，美国经济陷入了经济危机的泥淖，美国社会呈现出积压严重、工人失业、商店关门的凄凉景象。在这种情况下，罗斯福于1933年当选为美国第32届总统。罗斯福就职后，就雷厉风行地推行“新政”。从1933年3月9日通过的《紧急银行法》开始到6月16日的100天中，罗斯福先后向国会提出了15篇咨文，提交了13个法案，向民众进行了10次重要演说。“百日新政”的主要内容包括金融、农业、工业、社会福利和救济四方面。“新政”的实施，促使美国经济由萧条走向复苏，可谓是力挽狂澜的壮举。

1941年12月珍珠港事件之后，罗斯福宣布美国对德、日、意宣战，他迅速地组织了一个军事顾问班子，在他们的参谋和帮助下，罗斯福挑选出了像艾森豪威尔、尼米兹、麦克阿瑟等善战的将军作为各个战区的司令官。由于美国的参战，以及美国对其他一些被侵略国的帮助，这场侵略战争的局势很快被扭转过来，罗斯福也成为世界反法西斯战争中的功臣。

第二章

挑战自我，在困境中成长

人生是个大舞台。生活在这个舞台之中，有顺利和成功，有挫折和失败，总是会遇到一些不同问题的挑战。在你为理想奋斗的时候，在你学习的过程中，在你想要成为某个领域的成功者的时候，挑战总是不请自来，而且是波涛汹涌般而来，让你措手不及、无法应对。这个时候，你要做的就是迎难而上，横眉冷对困难的狞笑。挑战自我，不断在困境中成长，最终走向成功！

靠自己的一双手打拼挣扎——曾宪梓

1934年，曾宪梓出生在广东省梅县的一个贫农家庭，父亲离家到泰国谋生。在曾宪梓4岁时，父亲因患糖尿病去世了。1963年，曾宪梓离开广州取道香港前往泰国与亲友团聚，1968年举家移居香港并开始了艰苦的创业。

香港永远是个竞争激烈的地方。每个人都在做发财的美梦，然而，真正能发财的人却是凤毛麟角。生产领带对曾宪梓来说都还只是个梦想。当时他的手中只有6000港元，这是他所有的财产，全家老小全凭这些钱来维持生活。

世上本没有路，路是人走出来的。没有厂房，曾宪梓只好因陋就简，把租住的房间作为厂房，买一把剪刀，买一台缝纫机，开始缝制领带，他的"一人工厂"就这样诞生了。他每天要工作近20个小时。因为只有这样，他得到的利润才够维持一家人的生活。

曾宪梓硬是靠自己的一双手打拼挣扎，一分钱、一毛钱、一元钱地积累，终于创立了真正属于自己的事业。

破茧成蝶是一个漫长的过程，有着欣喜也有着苦难。在创业的漫漫过程中，曾宪梓所要面临的困难和坎坷是可想而知的。

万事开头难。当第一批领带制作完成之后，曾宪梓自己背着他的领带盒，四处推销。一开始，曾宪梓奔波多时都没人买他的领带。好不容易，有一家商店的经理同意看一看他的领带，可是把他的报价一压再压，简直让曾宪梓无利可图，曾宪梓不愿卖。那位经理便把自己店里经营的进口名牌领带指给他看。相比之下，曾宪梓所做的领带相形见绌，他的领带用料较差、款式单一、色彩灰暗，确实上不了柜台。曾宪梓受到了极大的震动。

"吃一堑，长一智"，6000元"学费"虽付之东流，却买来一个教训——之前，他一直认为生产档次较低的领带，会比较容易进入市场，事实证明他想错了。廉价产品所换来的不是利润，只有精品才能打开市场。

曾宪梓没有气馁，他毫不犹豫地把耗费大量心血的产品，低价卖给了街头地摊的商贩，然后从商店里买回一些外国名牌领带，一一拆开，琢磨用料、裁剪、造型、花色……他还做了大量的市场调查，研究领带花色品种的新潮流、新趋向。

最后，曾宪梓买了一批法国面料，按照外国名牌领带的样式，精心设计制作了4条新领带。他把自己做的领带和几条外国名牌领带混摆在一起，请一位领带行家鉴定。那位行家看来看去，一口咬定这些都是进口产品，他还肯定地说："香港的领带业我清楚，像这样面料考究、做工精细、款式新颖、质量上乘的领带，只有外国才能生产出来。"

领带的质量受到买家的赞许，但是没有固定的客户和销售渠道，曾宪梓只有自己出去推销。

有一天，曾宪梓去推销自己制作的领带。铄石流金，烈日当空，晒得他满头大汗，他拎着两大盒领带，径直走进一家瑞兴百货店，迫不及待地打断老板的谈话，问他要不要领带。瑞兴百货店的老板马上出言不逊地大声吼道："你进来干什么？出去！出去！滚！"

曾宪梓回到家中，他左思右想，痛定思痛，忽然明白了自己受挫的原因。

第二天下午，他衣装整洁，再一次来到了那家瑞兴百货店，为自己前一天的冒昧，向老板赔不是。老板见他如此诚恳，心里很高兴，就让他留下了4打领带。

果然不出曾宪梓所料，喜讯很快传来，瑞兴百货店的4打领带一销而空。他生产的领带款式新颖、花色独特、做工精细、采用进口面料，而且价格大大低于同等质量的进口领带，很受购买者的欢迎。后来，这个老板成了曾宪梓的忠实客户。

香港的商业信息是最灵通的，从瑞兴百货店传出的消息，立刻引起了许多大公司、大商店的注意，随之订单也纷至沓来。一时间，竟形成了一股抢购曾宪梓领带的热潮。

机不可失，时不再来。曾宪梓立即招募了一批工人，扩大了生产规模，曾宪梓的领带王国就这样成立了。

历经磨难的推销之神——原一平

原一平在23岁那年离开家乡，到东京闯天下。几经波折之后到了明治保险公司。上司和同事根本没有看得起这个身高只有145厘米，体重50公斤的“家伙”，但原一平凭借恒心和毅力迎来了事业上的一个又一个辉煌，成为日本寿险业赫赫有名的“推销之神”。

在其他行业还有很多人不知道原一平是谁，但在日本寿险业，他却是一个声名显赫的人物。日本有近百万的寿险从业人员，其中很多人不知道全日本20家寿险公司总经理的姓名，却没有一个人不知道原一平。他的一生充满传奇，从被乡里公认为无可救药的小太保，最后成为日本保险业连续15年全国业绩第一的“推销之神”，最穷的时候，他连坐公车的钱都没有，可是最后，他终于凭借自己的毅力，成就了自己的事业。

1904年，原一平出生于日本长野县。23岁那年，原一平离开家乡，到东京闯天下。第一份工作就是做推销，但是碰上了一个骗子，卷走他的保证金和会费就跑了。为此，原一平陷入了困境之中。

1930年3月27日，对于还一事无成的原一平来说是个不平凡的日子。27岁的原一平揣着自己的简历，走入了明治保险公司的招聘现场。一位刚从美国研习推销术归来的资深专家担任主考官。他瞟了一眼面前这个身高只有145厘米，体重50公斤的“家伙”，抛出一句硬邦邦的话：“你不能胜任。”

原一平惊呆了，好半天才回过神来，结结巴巴地问："何……以见得？"

主考官轻蔑地说："老实对你说吧，推销保险非常困难，你根本不是干这个的料。"

原一平被激怒了，他头一抬："请问进入贵公司，究竟要达到什么样的标准？"

"每人每月10000元。"

"每个人都能完成这个数字？"

"当然。"

原一平不服输的劲儿上来了，他一赌气："既然这样，我也能做到10000元。"

主考官轻蔑地瞪了原一平一眼，发出一阵冷笑。

原一平"斗胆"许下了每月推销10000元的诺言，但并未得到主考官的青睐，勉强当了一名"见习推销员"。没有办公桌，没有薪水，还常被老推销员当"听差"使唤。在最初成为推销员的7个月里，他连一分钱的保险也没拉到，当然也就拿不到分文的薪水。为了省钱，他只好上班不坐电车，中午不吃饭，晚上睡在公园的长凳上。

然而，这一切都没有使原一平退却。他把应聘那天的屈辱，看作是一条鞭子，不断"抽打"自己，整日奔波，拼命工作。为了不使自己有丝毫的松懈，他经常对着镜子，大声对自己喊："全世界独一无二的原一平，有超人的毅力和旺盛的斗志，所有的落魄都是暂时的，我一定要成功，我一定会成功。"他明白，此时的他已不再是单纯地推销保险，他是在推销自己。他要向世人证明："我是干推销的料。"

他每天清晨5点起床从"家"徒步上班。一路上，他不断微笑着和擦肩而过的行人打招呼。有一位绅士经常看到他这副快乐的样子，很受感染，便邀请他共进早餐。尽管他饿得要死，但还是委婉地拒绝了。当得知他是保险公司的推销员时，绅士便说："既然你不赏脸和我吃顿饭，我就投你的保好啦！”他终于签下了生命中的第一张保单。更令他惊喜的是，那位绅士是一家大酒店的老板，帮他介绍了不少业务。

从这一天开始，否极泰来，原一平的工作业绩开始直线上升。到年底统计，他在9个月内共实现了16．8万日元的业绩，远远超过了当时的许诺。公司同人顿时对他刮目相看，这时的成功让原一平泪流满面。

他逐步实现了自己的宏伟计划：3年内创下了全日本第一的推销纪录，到43岁后连续保持15年全国推销冠军，连续17年推销额达百万美元。

1962年，他被日本政府特别授予“四等旭日小绶勋章”。获得这种荣誉在日本是少有的，连当时的日本总理大臣福田赳夫也羡慕不止，当众慨叹道：“身为总理大臣的我，只得过五等旭日小绶勋章。”1964年，世界权威机构美国国际协会为表彰他在推销业做出的成就，颁发了全球推销员最高荣誉——学院奖，他是明治保险的终身理事，业内的最高顾问。真正是功成名就了！

凡是我能够做的，我都想尝试——约翰·戈达德

约翰·戈达德是美国探险家，他的一生充满了传奇色彩，完成了常人不可能完成的任务。

15岁时，约翰·戈达德拟了一个表格，表上列出了他的梦想清单：到尼罗河、亚马孙河和刚果河探险；登上珠穆朗玛峰、乞力马扎罗山和麦特荷恩山；驾驶大象、骆驼、鸵鸟和野马；探访马可·波罗和亚历山大一世走过的路；主演一部像《人猿泰山》那样的电影；驾驶飞行器起飞降落；读完莎士比亚、柏拉图和亚里士多德的著作；谱一部乐谱；拥有一项发明专利；游览全世界的每一个国家；为非洲的孩子筹集100万美元善款；参观月球……

16岁那年，戈达德和父亲到了乔治亚州的奥克费诺基大沼泽和佛罗里达州

的埃弗格莱兹去探险，这是他首次完成了表上的一个项目。20岁时，戈达德已去加勒比海、爱琴海和红海潜过水。他还成了一名空军飞行员，到欧洲上空执行了33次作战任务。到了21岁，他已经在21个国家做过旅行。刚满22岁时，他在危地马拉的丛林深处发现了一座玛雅古墓。同年，他成为洛杉矶探险者俱乐部最年轻的成员，这时他开始计划最渴求的一次探险，也是他早年制定的第1号目标：探索尼罗河。

"我把尼罗河列在清单最前面，因为在我看来，它是地球上最重要的地貌。尼罗河是整个非洲的缩影。尼罗河流域几乎拥有整个非洲所有鸟类、动物、爬虫和昆虫种类，拥有最矮小和最高大的人类，喀土穆和开罗有受过高度教育的、阅历丰富的智者，苏丹有过着半游牧生活的土著。因此，追溯河流全程并研究两岸的人民是一种最高级别的挑战。"戈达德说。

风险不言而喻。在考察尼罗河全程的旅程中，戈达德和伙伴遭受了河马的攻击，遭遇疟疾，同狂暴沙漠展开搏斗，驶过了许多危险的湍流险滩，还遇到一个携枪歹徒的追击。但是10个月之后，这3个"尼罗河人"（戈达德自称）胜利地划出了尼罗河口，进入了碧波荡漾的地中海。

戈达德说："在这次旅途中，我领略了许多东西，关于自身，关于成功的喜悦，关于紧张充实的生活，它给了我去追求另外目标的动力。如果能事先预料所有危险，也许我们根本就不会走出帐篷。但是经过了一天天的努力，我们终于达到了目标，我想那正是接近生活的方法——把尽可能多的活动、知识、爱和友谊一点一滴地填进生活。"

戈达德按计划逐个地实现自己的目标，59岁时，他完成了127个目标中的106个。他一生中获得了一个探险家所能享有的荣誉，其中包括成为英国皇家地理协会会员和纽约探险家俱乐部成员。

在追求目标的过程中，戈达德本人有18次死里逃生的经历。"这些经历使我更深切地热爱生活，欣赏一切可能欣赏的东西。"他说，"人们往往在不知道怎样表达巨大的勇气、力量和坚忍性之前就结束了生活。但我发现，当你清醒知道自己必死无疑的那个时刻，你突然发现一个尚未发掘的力量之源，当你把它释放出来，就好比升华了一次灵魂。”

当有人惊讶地追问戈达德是凭借怎样的力量，把那许多注定的“不可能”都变成了现实，他微笑着回答：“我只是让心灵先到那个地方，随后浑身就有了一股神奇的力量，接下来，就只需沿着心灵的召唤前进罢了，很简单。”

戈达德说道：“我不愿意过墨守成规的生活，我希望不断挑战极限，就像雄鹰一样。通这些经验，我感受到了付诸实践所具有的意义和人生的价值。很多人在不知道伟大的勇气和忍耐是什么的情况下，走完了一生。但正是在死亡这个极限情况下，人们会突然明白潜藏在自己身上的巨大力量。好好回顾一下自己走过的路，然后想想如果我再多活一年，我会做什么？每个人心中都有想做的事情，不要拖延，现在就行动吧。”

挑战无极限，要勇敢去尝试——本杰明·富兰克林

在10岁时便辍学回家做工，12岁起在印刷所当学徒、帮工。但他刻苦好学，在掌握印刷技术之余，还广泛阅读文学、历史、哲学方面的著作，自学数学和4门外语，潜心练习写作。他常常在做完了一天的工作后，到印刷厂的图书室阅读各种各样的书籍。有时看得入迷，不知道夜幕降临，焦急的母亲来工厂找他，他才回家。所有这一切为他在一生中取得多方面的成就打下了坚实的基础。

1746年，一位英国学者在波士顿利用玻璃管和莱顿瓶表演了电学实验。富兰克林怀着极大的兴趣观看了他的表演，并被电学这一刚刚兴起的科学强烈地吸引住了。随后他开始了电学的研究。

富兰克林在家里做了大量实验，研究了两种电荷的性能，说明了电的来源和在物质中存在的现象。在18世纪以前，人们还不能正确地认识雷电到底

是什么。当时人们普遍相信雷电是上帝发怒的说法。一些不信上帝的有识之士曾试图解释雷电的起因，但从未获得成功。当时学术界比较流行的是认为雷电是“气体爆炸”的观点。

在一次实验中，富兰克林的妻子丽德不小心碰到了莱顿瓶，一团电火闪过，丽德被击中倒地，面色惨白，足足在家躺了一个星期才恢复健康。这虽然是实验中的一起意外事件，但思维敏捷的富兰克林却由此而想到了空中的雷电。他经过反复思考，断定雷电也是一种放电现象，它和在实验室产生的电在本质上是一样的。于是，他写了一篇名叫《论天空闪电和我们的电气相同》的论文，并送给了英国皇家学会。但富兰克林的伟大设想却遭到了许多人的嘲笑，有人甚至嗤笑他是“想把上帝和雷电分家的狂人”。富兰克林决心用事实来证明这一切。

1752年6月的一天，阴云密布，电闪雷鸣，一场暴风雨马上就要来临。富兰克林和他的儿子威廉一道，带着上面装有一个金属杆的风筝来到一个空旷地带。富兰克林高举起风筝，他的儿子则拉着风筝线飞跑。由于风大，风筝很快就被放上高空。刹那间，雷电交加，大雨倾盆。富兰克林和他的儿子一道拉着风筝线，焦急地期待着，此时，刚好一道闪电从风筝上掠过，富兰克林用手靠近风筝上的铁丝，立即掠过一种恐怖的麻木感。他抑制不住内心的激动，大声呼喊：“威廉，我被电击了！”随后，他又将风筝线上的电引入莱顿瓶中。回到家里以后，富兰克林用雷电进行了各种电学实验，证明了天上的雷电与人工摩擦产生的电具有完全相同的性质。富兰克林关于天上和人间的电是同一种东西的假说，在他自已的这次实验中得到了印证。

风筝实验的成功使富兰克林在全世界科学界的名声大震。英国皇家学会给他送来了金质奖章，聘请他担任皇家学会的会员。他的科学著作也被译成了多种语言。他的电学研究取得了初步的胜利。然而，在荣誉和胜利面前，富兰克林没有停止对电学的进一步研究。1753年，俄国著名电学家利赫曼为了验证富兰克林的实验，不幸被雷电击死，这是做电实验的第一个牺牲者。血的代价，使许多人对雷电实验产生了戒心和恐惧。但富兰克林在死亡的威胁面前没有退缩，经过多次实验，他制成了一根实用的避雷针。他把几米长的铁杆，用绝缘材料固定在屋顶，杆上紧拴着一根粗导线，直通地里。当雷电袭击房子的时候，它就沿着金属杆通过导线直达大地，房屋建筑完好无损。

1754年，避雷针开始应用，但有些人认为这是个不祥的东西，违反天意会带来旱灾。就在夜里偷偷地把避雷针拆了。然而，科学终究将战胜愚昧。一场挟有雷电的狂风过后，大教堂着火了；而装有避雷针的高层房屋却平安无事。事实教育了人们，使人们相信了科学。避雷针相继传到英国、德国、法国，最后普及世界各地。

只有挑战，才会出现意想不到的结果——居里夫人

居里夫人一生中两度获诺贝尔奖，第一次获得诺贝尔物理奖，第二次获得诺贝尔化学奖，是迄今为止世界上唯一两次获得诺贝尔奖金的女科学家。她的故事激励着一代又一代人。

玛丽·居里是家中5个子女中最小的，也是最聪明的一个。她的父亲是一名收入十分有限的中学教师，妈妈也是中学教员。玛丽的童年是不幸的，她的妈妈得了严重的传染病，是大姐照顾她长大的。后来，妈妈和大姐在她不满10岁时就相继病逝了。她的生活中充满了艰难。这样的生活环境不仅培养了她独立生活的能力，也使她从小就磨炼出了非常坚强的性格。

玛丽从小学习就非常勤奋刻苦，对学习有着强烈的兴趣和特殊的爱好，从不轻易放过任何学习的机会，处处表现出一种顽强的进取精神。从上小学开始，她每门功课都考第一。15岁时，就以获得金奖章的优异成绩从中学毕业。她的父亲早先曾在圣彼得堡大学攻读过物理学，父亲对科学知识如饥似渴的精神和强烈的事业心，也深深地熏陶着小玛丽。她从小就十分喜爱父亲实验室中

的各种仪器，长大后她又读了许多自然科学方面的书籍，更使她充满幻想，她急切地渴望到科学世界去探索。但是当时的家境不允许她去读大学。

24岁时，她终于来到巴黎大学理学院学习。她带着强烈的求知欲望，全神贯注地听每一堂课，艰苦的学习使她身体变得越来越不好，但是她的学习成绩却一直名列前茅，这不仅使同学们羡慕，也使教授们惊异，入学两年后，她充满信心地参加了物理学学士学位考试，在32名应试者中，她考了第一名。第二年，她又以第二名的优异成绩，考取了数学学士学位。此间，玛丽在索邦结识了另一名讲师皮埃尔·居里，就是她后来的丈夫。

居里夫人在此后的研究中注意到法国物理学家贝克勒尔的工作。自从伦琴发现x射线之后，贝克勒尔在检查一种稀有矿物质“铀盐”时，又发现了一种“铀射线”。这引起了居里夫人极大兴趣，射线放射出来的力量是从哪里来的？居里夫人看到当时欧洲所有的实验室还没有人对铀射线进行过深刻研究，于是决心闯进这个领域。

1897年，居里夫人选定了自己的研究课题——对放射性物质的研究。这个研究课题，把她带进了科学世界的新天地。她辛勤地开垦了一片处女地，最终完成了近代科学史上最重要的发现——放射性元素镭，并奠定了现代放射化学的基础，为人类做出了伟大的贡献。

在潮湿的工作室里，经过居里夫妇的合力攻关，1898年7月，他们宣布发现了这种新元素，它比纯铀放射性要强400倍。为了纪念居里夫人的祖国——波兰，新元素被命名为钋（波兰的意思）。

1898年12月，居里夫妇又根据实验事实宣布，他们又发现了第二种放射性元素，这种新元素的放射性比钋还强。他们把这种新元素命名为“镭”。可是，当时谁也不能确认他们的发现。

居里夫妇决定拿出实物来证明。当时，藏有钋和镭的沥青铀矿，是一种很昂贵的矿物，主要产在波希米亚。人们炼制这种矿物，从中提取制造彩色玻璃用的铀盐。生活十分清贫的居里夫妇没有钱来支付这笔工作所必需的费用。他们的智慧补足了财力。他们预料，提出铀之后，矿物里所含的新放射性元素一定还存在，那么一定能从提炼铀盐后的矿物残渣中找到它们。经过无数次的周折，奥地利政府决定馈赠一吨废矿渣给居里夫妇，并答应若他们将来还需要大量的矿渣，可以在最优惠的条件下供应。

居里夫妇的实验室条件极差，夏天，因为顶棚是玻璃做的，里面被太阳晒得像一个烤箱；冬天，又冷得让人都快冻僵了。居里夫妇克服了人们难以想象的困难，为了提炼镭，他们辛勤地奋斗着。居里夫人立即投入提取实验，她每次把20多公斤的废矿渣放入冶炼锅熔化，连续几小时不停地用一根粗大的铁棍搅动沸腾的材料，而后从中提取仅含百万分之一的微量物质。

他们从1898年一直工作到1902年，经过几万次的提炼，处理了几十吨矿石残渣，终于得到0．1克的镭盐，测定出了它的原子量是225。

镭宣告诞生了！居里夫妇证实了镭元素的存在，使全世界都开始关注放射性现象。镭的发现在科学界引爆了一次真正的革命。

从残疾儿到奥运会冠军——威尔玛·鲁道夫

田径是运动之母，百米是田径之魂。飞人之战向来是奥运会这项运动皇冠上最耀眼的宝石。自1928年第9届阿姆斯特丹奥运会上首次出现了女子田径比赛后，奥运会正式成为女飞人们证明自己的赛场。而当中有一个残疾儿——威尔玛·鲁道夫，凭着顽强的意志和摆脱贫穷的信念，通过艰苦训练，战胜病魔，在田径场上找到了自我，成为奥运历史上最伟大的女子短跑运动员之一。

“任何时候都不要放弃希望，哪怕只剩下一只胳膊；任何时候都不要放弃梦想，哪怕残疾得不能行走。”成名后的威尔玛·鲁道夫在每次接受记者采访时都要引述这段成为她座右铭般的话语。

1940年，威尔玛·鲁道夫出生于一个非常贫穷的非洲裔美国人的大家庭之中，早产的她体弱多病。幼年时曾经身患多种疾病，包括肺炎、猩红热以及小儿麻痹症，甚至一度被医生宣判为终身残废。曾经有年的时间必须靠着铁架矫正鞋才能勉强行走。可她偏偏拥有一个看似永远也不可能实现的梦想：她希望自己有一天能像别人一样在赛场上飞翔。

为了这个梦想，威尔玛开始了异常艰苦的练习。当父母不在身边时，她自己扔开支架，试着走路。痛苦是牵扯到筋骨的。她经常不是这里就是那里被跌破摔伤，但无论疼痛如何折磨她的身体，她都咬牙坚持着。有了一点进步，她又以更大的受苦姿态来求更大进步，因为她要行走，她要奔跑……

她能在赛场上奔跑并非奇迹：脱掉铁鞋之后，第一次参加比赛，她跑在最后——远远地落在后面。随后的几年，她参加每一项比赛都是最后一名。所有人都劝她放弃，但她还是坚持跑着。终于有一天，她跑了一个倒数第二；又有一天，她赢得一项比赛。

此后，胜利不断，直到她能在每一场比赛中都取胜。16岁那一年，威尔玛入选美国1956年墨尔本奥运会短跑代表队。第一次参加奥运会，虽然威尔玛·鲁道夫在个人项目200米上未能进入决赛。但作为美国女子4×100米接力队成员，威尔玛为美国队夺得了铜牌。

在芝加哥举行的第三届泛美运动会上，她又获得4×100米接力赛冠军。随后她获得了田纳西州州立大学运动奖学金。进入大学就读并且再度受训。在那里，她认识了美国田径教练埃德·坦普尔。坦普尔教练在这个女孩子身上看到了一股不屈不挠的精神。她坚定的信念和与生俱来的才华——这些品质使得这位教练立下志向要培养威尔玛成为“世界头号女飞人”。

在罗马，威尔玛成为第一个在同一届奥运会上连获3枚金牌的创纪录者，人们亲切地称她为“女欧文斯”“黑羚羊”。当威尔玛·鲁道夫来到罗马参加奥运会的时候，人们不仅被她修长的双腿、优美的跑姿所吸引，更重要的是她不久前曾在美国锦标赛上以22秒9的成绩创造了200米的世界纪录，成为世界上第一个突破200米“25秒大关”的女运动员。因此被认为是这次短跑金牌的主要竞争者。

这样的突破也令威尔玛信心大增，在奥运会上。她的竞技水平达到了登峰造极的程度，不仅成为当时世界上跑得最快的女人，还一人独得3枚金牌。她参加了100米、200米和4×100米接力的比赛。在100米半决赛中，她以11秒3的成绩打破了世界纪录；之后在决赛中又以3秒优势赢得胜利。当她以11秒18第一个撞线后，掌声雷动。人们都站起来为她喝彩，齐声欢呼着这个美国姑娘的名字：由于顺风，她的成绩没能被承认为正式世界纪录。

三天后，她轻松赢得200米比赛的胜利。最后的4×100米接力，她帮助美国队在半决赛中就将世界纪录改写为44秒4，并在决赛中得到了她的第三块奥运金牌。这天，她作为第一个在同一届奥运会上连获3枚金牌的创纪录者而载入史册。这些胜利使得人们称她为“世界上跑得最快的女人”。

坚持到底，永远别停下来——哈兰·山德士

在世界的各个角落，在中国的每个城市，我们都会常常看到一个老人的笑脸，花白的胡须，白色的西装，黑色的眼镜，永远都是这个打扮，就是这个笑容，恐怕是世界上最著名、最昂贵的笑容了，因为这个和蔼可亲的老人就是著名快餐连锁店“肯德基”的招牌和标志——哈兰·山德士上校，当然也是这个著名品牌的创造者，今天我们在肯德基吃的炸鸡，就是山德士发明的。从最初的街边小店，到今天的食品帝国，山德士走过的是一条崎岖不平的创业之路。他的一生经历，真可以说是一部美国人的自力更生和自强不息的英雄传奇。

山德士于1890年出生在美国印第安纳州亨利维尔城。6岁那年父亲去世，母亲外出做工。在8岁那年，他已能做出各种美国口味的菜肴。12岁那年哈兰就去当农场工人。以后，他当过有轨电车售票员，还曾到古巴去当过兵。不

久，回到美国，又度过了38个年头漫长的坎坷岁月。

在那些年月里，他先后当过铁路司炉工、铁路路段道工、保险代理商、汽船推销员、煤气灯制造工和轮胎推销员等。最后在肯塔基州考平城煤气服务站当操作工。这最后一个职业，给他带来了事业成功的转机：为了弥补煤气服务站收入的不足，他试着在公路边办了个小吃铺，专给肚饿的过路旅客供应小吃。这一回运气不差，没过几年，他的小吃铺竟然扩展成了一家远近闻名的餐厅。

这时，山德士感到应该考虑解决这样一个问题：如何来满足那些特定顾客们的需要，让他们在半小时内就能吃上可口的炸鸡。这个问题直到1939年他才找到答案。那年他好不容易买到了一台加压蒸煮器，经过加工改装，终于在8分钟之内用那台蒸煮器炸出原汁原味的鸡块来。他把那种炸鸡称之为“肯塔基家乡鸡”，以区别于其他餐厅的南方炸鸡。不久，他的餐厅又扩展成了一家拥有142个座位并设有停车场的大型餐厅，其资产总值达16．4万美元。

谁知就在1950年六、七月间，山德士餐厅厄运临头：那就是坐落在两条公路之间的这家餐厅被一条新建的高速公路绕过，餐厅的位置偏远，因而营业一蹶不振，山德士负债累累，不得不变卖餐厅器物以抵偿债务。面临只能依靠每月105美元的社会救济金的生活困境，山德士并没有气馁。1956年，已66岁的他，决心外出开创新局面。

山德士的绝招就是炸肯塔基家乡鸡。那年，他将一桶装有50磅重的调料，连同那台心爱的、经过加工改装的蒸煮器一起装上他的1946年型福特汽车，然后向公路驶去。

身穿白色西装，打着黑色蝴蝶结，一身南方绅士打扮的白发上校停在每一家饭店门口，从肯塔基州到俄亥俄州，兜售炸鸡秘方，要求给老板和店员表演炸鸡。如果他们喜欢炸鸡，就卖给他们特许权，提供作料，并教他们炸制方法。

开始的时候，没有人相信他，饭店老板甚至觉得听这个怪老头胡诌简直是浪费时间。整整两年，他被拒绝了1009次，终于在第1010次走进一个饭店时，得到了一句“好吧！”的回答。自此之后，在山德士的坚持之下，他的想法被越来越多的人接受了。

1952年，盐湖城第一家被授权经营的肯德基餐厅建立，这便是世界上餐饮加盟特许经营的开始。紧接着，让更多的人惊讶的是，山德士的业务像滚雪球般越滚越大。短短5年内，他在美国及加拿大已发展了400家连锁店……

为了答谢这位肯德基快餐厅创建人和不倦的开拓者在对肯塔基州烹饪方面做出的贡献，这个州的州长特地给他构思出了“山德士上校”这个受人崇敬的称呼。

在大家的眼中，山德士应该好好歇歇了，但这位不知疲倦的老人又开始了另一项工作——担任“肯德基”的发言人，广泛进行宣传。就在他以90岁高龄辞世前不久，每年还要做长达25万公里的旅行，四处推销肯德基炸鸡。他的年龄和财富并没有影响到他对工作的热诚，仍然孜孜不倦地经营着他的事业。当人们问他为什么还那样勤奋地工作时，山德士回答说：“人们因闲散而生锈者比精疲力竭者多，如果我因闲散而生锈过，我会下地狱。”

1980年，山德士上校因白血病不幸逝世，享年90岁。他的遗体曾安放在州议会受人们瞻仰。虽然他离去了，但他的人生传奇和他创立炸鸡事业给肯塔基州带来永恒的魅力。现在，人们可以不知道美国地理上的肯塔基州，但他们不能不知道“肯德基”，不能不知道那个永远的微笑——“肯德基”标志。

山德士用一只鸡，改变了人们的饮食世界。

钢铁般的意志比智慧和博学更重要——阿尔伯特·爱因斯坦

1879年3月14日，一个小生命降生在德国的一个叫乌尔姆的小城。父母为他起了一个很有希望的名字——阿尔伯特·爱因斯坦。看着他那可爱的模样，父母对他寄托了全部的期望。然而，没过多久，父母就开始失望了：人家的孩子都开始学说话了，已经3岁的爱因斯坦才咿呀学语。后来，爱因斯坦的妹妹已经能和邻居交谈了，爱因斯坦说起话来却还是支支吾吾，前言不搭后语……

看着举止迟钝的爱因斯坦，父母开始忧虑。他们担心他的智能是否会不及常人。直到10岁时，父母才把他送去上学。可是在学校里，爱因斯坦受到了老师和同学的嘲笑，大家都称他为“笨家伙”。学校要求学生上下课都按军事口令进行，由于爱因斯坦反应迟钝，经常被教师呵斥、罚站。

一次工艺课上，老师从学生的作品中挑出一张做得很不像样的木凳对大家说：“我想，世界上也许不会有比这更糟糕的凳子了！”在哄堂大笑中，爱因斯坦红着脸站起来说：“我想，这种凳子是有的！”说着，他从课桌里拿出两个更不像样的凳子，说：“这是我前两次做的，交给您的是第三次做的，虽然还不行，却比这两个强得多！”

在讥讽和侮辱中，爱因斯坦慢慢地长大了，升入慕尼黑的卢伊特波尔德中学。在中学里，他喜爱上了数学课，却对其余那些脱离实际和生活的课不感兴趣。孤独的他开始在书籍中寻找寄托，寻找精神力量。就这样，爱因斯坦在书中结识了阿基米德、牛顿、笛卡儿、歌德、莫扎特……书籍和知识为他开拓了一个更广阔的空间。视野开阔了，爱因斯坦头脑里思考的问题也就多了。

一天，他对经常辅导他数学的舅舅说：“如果我用光在真空中的速度和光一道向前跑，能不能看到空间里振动着的电磁波呢？”舅舅用异样的目光盯着他看了许久，目光中既有赞许，又有担忧。因为他知道，爱因斯坦提出的这个问题非同一般，将会引起出人意料的震动。此后，爱因斯坦一直被这个问题苦苦折磨着。

1895年秋天，爱因斯坦经过深思熟虑，决定报考瑞士苏黎世大学。可是，他却失败了，因为外文不及格。落榜后的他并没有气馁，参加了中学补习。一年以后，他获得了中学补习合格证书，并且考入了苏黎世工业大学。这时的他，已经在为自己的未来做准备了。他把精力全部用在课外阅读和实验室里。教授们看见他读和学习无关的书、做和考分无关的实验，非常不满和生气，认为他“不务正业”。

爱因斯坦大学毕业时，正赶上经济危机爆发，由于他是犹太人血统，又没有关系，没有钱，所以只好失业在家。为了生活，他只好到处张贴广告，靠讲授物理获得每小时3法郎的生活费。这段失业的时间，给了爱因斯坦很大的帮助。在授课过程中，他对传统物理学进行了反思，促成了他对传统学术观点的猛烈冲击。经过高度紧张兴奋的5个星期的奋斗，爱因斯坦写出了9000字的论文《论动体的电动力学》，狭义相对论由此产生。可以说，这是物理学史上的一次决定性的、伟大的宣言，是物理学向前迈进的又一里程碑。

尽管还有许多人对此表示反对，甚至还有人在报上发表批评文章，但是，爱因斯坦毕竟还是得到了社会和学术界的重视。在短短的时间里，竟然有15所大学给他授予了博士证书，法国、德国、美国、波兰等许多国家的著名大学也想聘请他做教授。当年被人们称为“笨蛋”“笨东西”，认为无法成才的爱因斯坦，终于成了全世界公认的、当代最杰出的聪明人物。由“丑小鸭”变为“白天鹅”。

爱因斯坦根据自己的成功经验说出了成功的真谛：“钢铁般的意志比智慧和博学更重要。”许多年来，爱因斯坦的这句话一直被人们传颂着。

小个子创造的篮坛奇迹——乔丹

乔丹是20世纪最伟大的篮球运动员之一，曾率领芝加哥公牛队6次获得NBA总冠军，建立起“公牛王朝”的神话，创造了NBA历史上的奇迹。

成长之路

乔丹出生在纽约布鲁克林的一家天主教院里。乔丹家有5个孩子，他们多半都能像普通孩子一样健康成长，没有给父母惹太多麻烦，但只有喜欢恶作剧的小乔丹，令父母费心劳神。

乔丹13岁的时候，全家搬到了北卡罗来那州南部小城威明顿，乔丹的父亲在那儿买了一大块空地供孩子们打球和骑自行车，乔丹家很快成为附近孩子们聚会和玩耍的中心。乔丹是兄弟姐妹中最爱玩闹、也最难管束的一个。如果有什么新奇玩意儿需要尝试，乔丹总爱出这个风头。

由于威明顿地区一度没有可供黑人及白人孩子一起读书的公立学校，乔丹兄弟姐妹5人每天的主要活动就是体育运动。他们玩篮球、美式足球、棒球，有时候赛跑、跳远。这些无疑成了乔丹后来驰骋篮坛的第一课。当父亲终于发现不可能让乔丹继承自己的衣钵，做一名合格的机械维修师之后，便决定让乔丹顺着自己的兴趣发展。就这样，在上小学后，乔丹很快成为小学篮球队的主将。12岁时，乔丹和他的小队友们便为学校赢得北卡罗来那州少年篮球锦标赛冠军。1979年，年仅16岁的乔丹参加著名的“明星夏令营”。夏令营比赛结束时，他被评为“最有价值的球员”。

篮坛新星

虽然乔丹非常喜欢打篮球，而且球技在同龄人中技高一筹，但在高二年级的一次篮球队的选拔赛中，还是名落孙山，原因是他的个子太矮。乔丹知道自己先天不足，于是他把希望寄托在训练中，把业余时间几乎全部用于练球。努力没有白费，奇迹终于发生了，他的球技突飞猛进，身高也从1.80米长到1.90米。

后来，学校的足球队、田径队、棒球队都曾拉乔丹加盟，而他则把一切机会都视为向命运的挑战。各种各样的训练使乔丹具备了超人的身体素质。以后人们发现，篮球场上的乔丹具有足球队员的果敢敏捷、跳高运动员惊人的弹跳力和棒球投手的准确有力。

1982年，乔丹考入北卡罗来纳大学。虽然此时他只有19岁，但他已成为美国大学生篮球队的大明星了。就在这一年，他随队一举夺得全美大学生篮球联赛NCAA冠军。第二年，他荣膺该年度NCAA最佳球员称号。

1984年，第23届奥运会在美国洛杉矶举行，刚满20岁的乔丹当选美国男篮主力队员，并出任队长。在比赛中，乔丹平均每场比赛得17．7分。这一年，国际篮联《篮球》杂志评选的世界最佳球员中的第一位，就是迈克尔·乔丹。奥运会后，乔丹和芝加哥公牛队签约，从此，他步入NBA赛场。

“篮坛飞人”

在乔丹之前，人们形容篮球天才的杰出表演，总不外乎用“跑”“跳”“盖”“投”等词来形容，而在乔丹来到篮球场后，人们才想起了另一个词——“飞”。乔丹的弹跳之高，腾越距离之远，滞空时间之长，尤其是在空中避开封堵，纵身扣篮之绝，使他拥有了“飞人”的专利称号。乔丹最著名的一次“飞行”是在洛杉矶奥运会上，他在比赛中带球突破，刚过中线，便连跨3步，腾空，飞行，最后将球扣入篮框。据测定，他的“飞行”距离长达9米。

有一次，公牛队与波士顿凯尔特人队交手，乔丹连过两名队员，切入右路跳起正欲扣篮，超级球星拉里·伯德迎上封堵。这时，只见乔丹在空中飞至篮板左侧，180度转身将球扣入篮框内。目睹了这令人难以置信的一幕，现场评论员赞叹道：“即使上帝穿上球衣，也休想挡住乔丹！”

很快乔丹成了美国乃至全世界青少年崇拜的偶像。他的飞行，他的扣球，他投篮前的吐舌头，让无数球迷为之痴迷、倾倒。

逆境中求生存——培根

培根出生于伦敦一个官宦世家。父亲尼古拉·培根是伊丽莎白女王的掌玺大臣，曾在剑桥大学攻读法律，他思想倾向进步，信奉英国国教，反对教皇干涉英国内部事物。母亲安妮是一位颇有名气的才女，她娴熟地掌握希腊文和拉丁文，是加尔文教派的信徒。良好的家庭氛围使培根成熟较早，各方面都表现出超乎寻常的才智。当培根还在童年的时候，父亲常带他到宫廷里去，很快小培根也成了伊丽莎白女王的宠臣之一。女王喜欢培根在回答问题时所表现出的少年老成的智慧，因此时常叫他“小掌玺大臣”。

思想成熟

为了使这样早熟的孩子接受更多的教育，父母于1573年将培根送入剑桥大学三一学院深造，这一年他12岁。在大学学习期间，培根对传统的观念和信仰产生了怀疑。他在研究亚里士多德的逻辑学和形而上学以及圣·托马斯的神学时，遭遇了一种不可避免的幻灭的痛苦，于是开始独自思考社会和人生的真谛。

在剑桥大学学习三年后，培根作为英国驻法大使埃米阿斯·鲍莱爵士的随员来到了法国，在旅居巴黎两年半的时间里，他几乎走遍了整个法国，接触到不少的新鲜事物，汲取了许多新的思想，这对他世界观的形成起到了很大的作用。

1579年，培根的父亲突然病逝，他要为培根准备日后培养之资的计划破灭，于是培根的生活开始陷入困境。在回国奔父丧之后，培根进入了葛莱法学院，一面攻读法律，一面四处谋求职位。1582年，他终于取得了律师资格，在1596年被聘为伊丽莎白女王的特别法律顾问。此时，培根在思想上更为成熟了，他决心要把脱离实际、自然的一切知识加以改革，把经验观察、事实依据、实践效果引入认识论。这一伟大抱负成为他的科学“伟大复兴”的主要目标，是他为之奋斗一生的志向。

潜心著述

1597年，培根发表了处女作《论说随笔文集》。他在书中将自己对社会的认识和思考，以及对人生的理解，浓缩成许多富有哲理的名言警句。这本书受到广大读者的欢迎。1605年，培根用英语完成了两卷集《论学术的进展》。这是以知识为研究对象的一部著作，培根在书中猛烈抨击了中世纪的蒙昧主义，论证了知识的巨大的作用，提示了知识不能令人满意的现状及补救的办法。1609年，培根又出版了第三部著作《论古人的智慧》。他认为在远古时代，存在着人类最古的智慧，可以通过对古代寓言故事的研究而发现失去的最古的智慧。

培根原打算撰写一部六卷本百科全书式的著作——《伟大的复兴》，这是他要复兴科学，要对人类知识加以重新改造的巨著，但他未能完成预期的计划，只发行了前两部分，1620年出版的《新工具》是该书的第二部分。《新工具》一书中提出了培根在近代所开创的经验认识原则和经验认识方法。这本书与亚里士多德的《工具篇》是相对立的。

培根在结束其政治生涯后，仅用几个月时间就完成了《亨利七世本纪》一书，这部著作得到后世史学家的高度评价，被誉为是“近代史学的里程碑”。

大约在1623年，培根写成了《新大西岛》一书，这是一部尚未完成的乌托邦式的作品，由罗莱在他去世的第二年首次发表。培根在书中描绘了自己追求和向往的理想社会蓝图，设计了一个称为“本色列”的国家，在这个国家里，科学主宰一切，这是培根毕生所倡导的科学的“伟大复兴”的思想信念的集中表现。

被同学们嘲笑的外乡佬——拿破仑

拿破仑出生于法国科西嘉岛阿雅克修城的一个贵族家庭。与其他兄弟姐妹不同的是，拿破仑从小性格孤僻、沉默寡言，不合群。1779年，10岁的拿破仑被送到了布里埃纳军校去学习。在这里，内向的拿破仑必须去面对严格的纪律、枯燥乏味的功课以及平庸的老师。更糟的是同学们，他们为自己是法国人而得意洋洋、目空一切，他们欺侮、嘲笑拿破仑这个身材矮小、行为古怪的外乡佬。

为了改变这一局面，小拿破仑全力以赴地学习。他迷上了数学，因为他喜欢进行精确的研究和探讨抽象的问题。他还喜欢历史与地理。这两门课程使他知道了马其顿的亚历山大大帝、古罗马的恺撒大帝，使他满脑子想的是爱国主义与英雄主义。他崇拜世界历史上这些伟大而杰出的人物。

一年多的时间过去了，拿破仑顽强的性格终于赢得了几位教师的称赞，也化解了同学对他的偏见和敌意。他的身边开始聚集一些拥戴者，他们没事就一起议论天下大事。拿破仑的观点往往一鸣惊人，这使朋友们对他充满了崇敬之情。

1789年7月，法国大革命爆发，拿破仑参加了大革命。1791年，他被任命为炮兵上尉。1793年，法国革命政权在内外敌人的夹攻下岌岌可危。雅各宾党人指派他前往攻打南部重要海防城市土伦港。这一战役初步显示了他的军事才能。他采用大炮突破，烧毁敌舰，断其后路，最后用步兵迂回作战的方案取得了最终的胜利。

自1793年收复土伦港一举成名后，拿破仑在随后的岁月里将他的军事才能发挥得淋漓尽致，他以广阔的欧洲大陆为舞台，指挥了一场又一场精彩绝伦的战役。

1796年2月，拿破仑被任命为法国远征意大利方面军的总司令。这年4月，他带领3万人的军队，越过阿尔卑斯山天险，在意大利与奥地利军队交战。这是历史上一次“以少胜多”的著名战役。

1799年拿破仑上台后，凭借其非凡的军事才能和法军的优势同反法联盟进行了一系列战争，史称拿破仑战争。1800年5月，在第二次意大利战役中，拿破仑再次打击奥地利。1800年6月，法、奥两军在马伦哥对阵，奥军大败。拿破仑乘胜直逼维也纳，迫使奥地利签订新和约。1802年，英国与法国签订《亚眠和约》，第二次反法联盟土崩瓦解。1805年，英、俄纠集第三次反法联盟。拿破仑企图渡海进攻英国，后海战失败。在陆战中拿破仑取得了胜利，11月占领维也纳，12月初在维也纳以北的奥斯特利茨大败俄、奥联军。奥地利被迫议和，第三次反法联盟瓦解。1806年9月，英国伙同俄国、普鲁士、瑞典结成第四次反法联盟。10月10日，法军在耶拿大败普军，10月27日占领柏林，普鲁士投降。1807年，俄国也被打败。1807年，拿破仑占领了葡萄牙和西班牙。1808年1月，英、奥结成第五次反法联盟。这年5月，拿破仑就攻下了维也纳。7月，在瓦格拉姆（距维也纳东北18千米）的决战中又大败奥军。10月，第五次反法联盟破产。1812年6月，拿破仑率42万大军进攻俄国，法俄战争爆发。9月中旬，法军进入莫斯科。由于拿破仑掠夺和压迫俄国人民，由此引起俄国人民的反抗，侵俄战争失败。这一战争也成了拿破仑军事生涯由盛到衰的转折点。

战争为拿破仑带来了他所想要的，为他赢得了不朽的声誉。他一生指挥了大小会战50余次，赢得35次胜利。他在作战中善于实施迂回和机动，在决定性的时间和地点集中优势兵力，以坚决的进攻歼灭敌人有生力量；惯于采用纵队与散兵相结合的战斗队形，组织步、骑、炮兵协同，一旦突破敌阵地，立即组织骑兵实施追击，力求通过一两次决战击败敌人。拿破仑的军事战术创造了辉煌一时的胜利，这些战术被后来的军事家广泛深入地学习研究并采纳。

少年时只是个与年龄不相称的落后学生——蒙哥马利

蒙哥马利出生在伦敦肯宁顿区板球场圣马克教区牧师寓所。父亲是该教区的牧师。母亲是一位意志坚强、性格刚毅的女人，她对孩子实行严格管教，这对蒙哥马利日后的戎马生涯影响颇深。1889年，蒙哥马利的父亲被任命为澳大利亚塔斯马尼亚的主教。全家便搬到那里住了12年。

1901年，蒙哥马利随父母返回伦敦，并于次年1月进入圣保罗学校读书。他爱好体育运动，迷上了橄榄球和板球运动。但在学业方面，他却成绩不佳。在圣保罗学校待了3年后，校方给他的评语是：他是个与年龄不相称的落后学生，还加上“该生要上桑赫斯特英国皇家军事学院，把握不大，必须努力学习”。这一评语对蒙哥马利产生相当大的震动。从此他开始潜心学习，并于1907年考上了桑赫斯特英国皇家军事学院，实现了他想当一名军人的愿望。

在军校，蒙哥马利开始意识到生活是严峻的斗争，必须通过艰苦的工作和绝对的正直才能获取成功。作为平民子弟的蒙哥马利在学院里同其他同学相比，很少参加学院里丰富多彩的社交活动。他不抽烟，不喝酒，风流韵事更与他无缘，对他来说，重要的事情只有一个，那就是成功和成功带来的权力。1908年毕业后，他被分到皇家沃里克郡团。他没有别的兴趣和爱好，选择军人这一职业后，他便全副身心地投入进去。

1914年，第一次世界大战爆发，蒙哥马利所在团作为英国远征军的一部分开赴法国前线。10月，他参加了对德战役。在一次战斗中，他的胸部和腿部中弹负伤。伤愈后，他随部队再次奔赴法国前线。到一战结束时，蒙哥马利30岁，战争使他迅速成熟起来。

1920年1月，蒙哥马利获准入坎伯利参谋学院深造，在这里，他开始形成自己的军事思想。同年12月毕业后，他被分配到步兵第十七旅，任旅部少校参谋，参加了爱尔兰战争。1926年至1934年间，他先后在坎伯利参谋学院和奎达参谋学院任教官。执教期间，他发表《步兵训练教范》等著述，较系统地叙述了他的军事思想。

第二次世界大战爆发后，蒙哥马利率第三师随同英远征军横跨英吉利海峡，进入法国。1940年5月，德军闪击西欧时，他与法、比军队并肩作战，后被迫随英远征军从敦刻尔克撤回英国。

1942年7月，北非沙漠中的英国第八集团军，被“沙漠之狐”隆美尔的德国非洲军团击败，退守在埃及境内的阿莱曼地区。在英军濒临崩溃之际，丘吉尔于8月命蒙哥马利接任第八集团军司令，与隆美尔对阵。他临危受命，经过一段时间准备，于10月至11月间向德军发动了阿莱曼战役，一举击溃隆美尔的非洲军团，扭转了北非战局。随后，他挥师乘胜追击，协同美军将德、意军队围歼于突尼斯。他由此声誉大震，被人们称之为“捕捉‘沙漠之狐’的猎手”。

1943年7月，蒙哥马利率第八集团军与美国的巴顿将军协同作战，在西西里岛登陆，一道进攻意大利。1944年6月6日凌晨，盟军发动诺曼底登陆进攻，蒙哥马利负责全盘指挥地面战斗。6月12日，盟军在诺曼底的几个滩头连成了一条阵线。8月19日，盟军消灭了陷于莫坦东面的残敌，诺曼底战役最终取得了决定性的胜利。随后蒙哥马利转战西北欧，参与指挥了沙纳姆战役和阿登战役。1945年3月，蒙哥马利率英美联军强渡莱茵河，之后便日夜兼程，向波罗的海进发。5月，驻荷兰、德国西北部和丹麦的150万德军向蒙哥马利投降。

蒙哥马利是一位谨慎、彻底的战略家。在他看来，作战计划要慎而又慎，遇险时要及时化夷，胜利时注意节制，这是一个指挥员的指挥要旨。他良好的职业修养以及镇静自若、潇洒果断的指挥风格令他在二战中取得了一系列反法西斯战役的胜利。

宁死也不愿成为瘸子——艾森豪威尔

童年的艾森豪威尔，家庭生活异常贫苦。他和几个兄弟平常穿的都是些破旧的衣服，甚至包括母亲的旧鞋子，因此，他们常常被其他孩子取笑。但他们个个都善于打架，能迅速地用拳头算账，并且兄弟间彼此支援。

在少年时代，艾森豪威尔最大的创伤经历是15岁时因擦伤膝盖而患了败血症。当时医生建议截肢，但执拗的艾森豪威尔坚决反对，声称宁死也不愿成为瘸子，他的父母只得同意采取不那么极端的治疗方法，寄希望于奇迹。奇迹果然发生了，他战胜了疾病，他的健康开始慢慢地得到恢复。

少年时的生活培养了艾森豪威尔和善、坚毅、顽强、好斗的性格。机灵的他学会了很多东西，像驾舟、撒网、打扑克、都是他的特长。在所学的各门功课中，他的历史学得最好，这是因为他长于记忆，对名人轶事有兴趣。大家都预言他将成为耶鲁大学的历史学教授，但艾森豪威尔有自己的理想和追求。

艾森豪威尔中学毕业时，取得了相当高的分数。在今后职业的选择上，他的朋友黑兹利特起了重要作用。黑兹利特建议艾森豪威尔进西点军校深造，艾森豪威尔采纳了他的建议，在经过一段学习准备后，终于如愿以偿，考试合格，被西点军校录取。

1915年，艾森豪威尔从西点军校毕业后被分配到第十九步兵团服役。1925年8月至1928年6月间，他又先后入利文沃斯参谋学院和麦克奈尔陆军大学深造。1929年11月，他调到首都华盛顿，在陆军部助理部长办公室工作。1930年秋至1939年12月，他担任陆军参谋长麦克阿瑟的助理，并随麦克阿瑟去菲律宾组建军队。

1941年12月珍珠港事件之后，美国对德、日、意宣战。1942年2月，艾森豪威尔被任命为美军参谋部作战处处长，负责拟订欧洲盟军联合作战计划。6月，欧洲战区盟军司令部成立，艾森豪威尔被任命为司令官。8月，他担任北非和地中海战区盟国远征军总司令，负责筹划和指挥在北非的代号为“火炬”的登陆行动。11月8日，他率领美英联军10万人分三路在法属北非殖民地登陆，分别占领了阿尔及尔、奥兰和摩洛哥。德军败退突尼斯。北非登陆的成功，为盟军顺利完成北非战局部署创造了有利条件。1943年3月，盟军在艾森豪威尔的指挥下，对突尼斯发起总攻。5月13日，被合围的25万德意军队向艾森豪威尔投降，在非洲的德意军队被全部肃清。随后，盟军发起西西里岛登陆战役，一路势如破竹，8月17日占领全岛。

1944年，艾森豪威尔被任命为欧洲盟军远征军最高统帅，组织实施欧洲登陆作战计划。1944年6月6日凌晨，盟军向诺曼底发动登陆突击。盟军在诺曼底登陆成功后，随即向法国腹地挺进。8月25日，盟军攻占巴黎。艾森豪威尔将他的司令部从伦敦迁到巴黎附近的凡尔赛，指挥蒙哥马利、布莱德雷的几路大军同时向德国边界推进。1945年1月底，他指挥盟军击退德军在阿登地区的大反攻，随即挥师驱向德境。3月，盟军强渡莱茵河，德军在西线的战线崩溃。此后，德军对盟军的抵抗日渐微弱，在东线却拼死抵抗苏军。此时艾森豪威尔决定不攻打柏林，而留给苏军去占领。于是，他下令布莱德雷穿过德国中部，直抵易北河畔；蒙哥马利向北挺进，直抵丹麦边境；巴顿向东南推进，直抵奥地利。4月25日，美第一集团军与苏军在易北河畔的托尔高地区胜利会师，东线和西线战场连接在一起。5月2日，苏军攻克柏林。5月8日，德军向苏军和盟国远征军无条件投降，欧战结束。

艾森豪威尔之所以能在反法西斯第二次世界大战中做出不可磨灭的贡献，是因为他具有高超的统率技艺和很强的组织协调能力，从而使几百万不同国籍、不同兵种、不同素质的部队能协同作战。他还善于发现人才，所以蒙哥马利、巴顿、范佛里特等一大批名将，都能为他所用。

第三章

事业坎坷，在挫折中成长

人生如同远航，怎会没有惊涛骇浪；人生犹如跋涉，又怎能缺少了坎坷泥泞。人生是美好的，却又是复杂多变的，在人生的旅途中“天有不测风云，人有旦夕祸福”，正所谓：“人间正道是沧桑。”但是自古英雄多磨难，正是这充满挫折的经历才会成就非凡的人生。不顺心的工作，不顺利的事业，是无法将我们打倒的。一个人能否在事业上取得成功，关键就在于他能否一次次从挫折中勇敢地奋起，无畏地与挫折抗争，从而渐渐在挫折中长大。

自我提拔才是创业——曾勇

毕业时只有16块钱，到现在的几十亿的公司资产，从只有一辆40块钱的二手自行车到开了一辆100万的奔驰。农民出身，没有上过名牌大学的曾勇，一路创业几经波折，成功背后究竟是怎样的毅力精神？

“对于我来说生存是至关重要的，我根本就没有想过去创业，要去赚钱，要成为一个长沙人，要去买房子去买车子，都是当时不敢想的。我想的唯一一点就是我要如何的活下去，勇敢地活下去……”这是曾勇最初积极创业的简单想法，而他的成功也正是从这一个朴素而真实的想法开始的……

一个初尝生意经的推销员

读书阶段曾勇就很优秀，但由于家庭条件差，为了解决生活费的问题，他就经常在外面做推销。直到1993年的一天，曾勇遇到一位摆地摊卖玉石的老人家。于是，就向他赊账，然后到学校里面去推销。

自此也开启了曾勇由16块钱的创业到几十亿资产的创业生涯。“当时湖南所有大学的男生寝室我都去推销过。”在只有16块钱的时候怎么能去创业？曾勇继续去找了那位老人家，借了钱、拿了货之后就又去继续推销。

而这时的推销也决定着他一天是否能吃好饭。“如果推销得出去，我就能吃好饭，如果推销不出去，我就吃不上饭了。”这是曾勇人生中最艰难的阶段：“我曾经试图去改变。所以，当我的身上有了60块钱的时候，就一个人去了上海。我认为上海是一个大城市，一定有能实现我人生价值的地方，一定能给我机会实现自己的梦想，能够容纳我。”

初到上海的情况也很糟糕。因为生存艰难，他只有睡在石凳子上面，有时候一个晚上被人赶好几次，睡马路喝自来水，甚至最艰难的时候捡过面包、捡过易拉罐去卖……曾勇是这样鼓励自己的：“我觉得男人活着就是一种尊严，当为了生存的时候面子可以暂时不要。”后来他又辗转到越南做了两年多的玉石推销。

非常人的坚持，让曾勇在1998年，终于在长沙开设了人生中的第一家店。从此他天天很努力地卖自己的产品。但是有一天，当他没有住在自己的店里的时候，店里门锁被撬开了两把，最终用千斤顶把门顶开，人从门下面的缝里钻进去，把他这几年做推销赚的所有积蓄全部偷走了。第二天，面对一个空空的店曾勇欲哭无泪，公安局警察调查了一个上午没结果，最终也就不了了之。“但是我就在想，当时店租每月6000元，如果这样继续下去的话每天要亏损200块，200块一天对于1998年的我来说是非常大的一笔开支。在这样的情况下我觉得自己要振作起来，我觉得这点挫折不要紧，唯有自己的意志是不能倒下去的。我就在很多朋友那里借了资金又开始了自己的生意。”并且，他创意出一个推销方式：在店门口挂了一个大横幅，上面写着“洒泪于长沙”，提示人们该店被偷了，目前低价处理自己的产品迅速回款。短短几个月的时间，曾勇又把损失的钱赚了回来。

“无论什么情况，我也一直在寻找我的梦想。我认为我自己是很有能力的，我要靠自己的双手去改变自己的生活。于是，我每天都很努力的卖自己的产品。”曾勇始终这样鼓励自己。

又一次从零开始

到2001年的时候，曾勇已经有了4家店铺，那时还由水晶轩改名叫水晶坊。就在生意慢慢扩大的时候，意外又发生了。有一天，曾勇去广东进货的时候，因为想要找间便宜的招待所，到晚上12点还在外面寻觅旅馆，却遭遇了抢劫，头被石头砸了一下，三个人一顿拳打脚踢，鼻子的骨头断了三处，头上、脸上都是鲜血，一件白色的衬衣变成了一件红黑相间的衬衣。同时，带在他身上的47000块钱和刚买的一部手机全部被抢走了。

顷刻间，从1998年创业到2001年积累的一切又回到了零。“如果那个时候我选择放弃的话，境况和现在就不一样了，也许又是一个农民。但我没有选择放弃，我觉得失败是暂时的，那只是暂时的停止成功。”曾勇自豪于那份坚持。

重新来过的曾勇也意识到，单纯的开店就永远停留在这一个高度，无法往上发展，于是他注册了一家公司。2001年的时候又租了一间十几平方米的房子开店，到后来扩大为几家店。经过这次事业失败以后，曾勇的运气开始好转了。慢慢的湖南水晶坊就开始壮大了，最多时开了68家店。

2001年底曾勇就赚到了人生的第一个50万，以后的路也很顺利。一直到现在，已经有1200多家连锁店、三家公司、两个厂址……在曾勇看来，一个人真正经历了苦难才是最好的成长。

如今，把中国的珠宝市场化，把中国的珠宝平民化，把中国的珠宝大众化，用最快的速度来做最有生产力的事，成为曾勇创业的下一个目标。

挫折使我坚强——曾昌飚

用智慧改变命运

曾昌飚总是有一种坚韧不拔的精神，在选择远离家乡在外谋职时，曾昌飚的家人极力反对。家里人认为一个残疾青年，从来没有出过远门，一下子要自己到外面闯荡，怎么放心得下？为了争取家人的同意，曾昌飚就领着父母和奶奶到马路和码头，指指那些骑三轮和在码头上搬运的工人，又指着一旁记账和指挥工人的老板说："他们同样健康，但不同的劳动方式报酬却大不一样。因为老板用脑力、用智慧赚钱。我虽然身体不如他们健康，但我可以用自己的智慧改变自己的命运。"曾昌飚的坚持打动了家人。事实证明，在之后的很多事情上，他都拥有着这份韧性。

曾昌飚认为人就像一个蓄电池，吸收多少能量就能发出多少光与热。

诚信：初涉商海的金钥匙

离开家，在叔叔商场里做管理的曾昌飚，一次在北京专利局查到一个转让技术——"塑料蒸汽熨斗"，他觉得这个塑料熨斗跟铁熨斗比起来更经济实用，就给合肥的厂家打电话，询问之后了解到这个产品的出厂价是7.5元／台，比其他类型的熨斗便宜、安全而且好用。于是，他决定下单。

向叔叔借了5000元钱，买上一张从北京到合肥的硬座车票就出发了。经过了10多个小时的"打坐"，又冷又饿地到了合肥。曾昌飚看到厂家是一家国有大厂，感觉产品质量也不错，于是就毫不犹豫地把钱交给了对方，让对方按照自己的要求生产、装货。

进价7.5元／台，售价15元／台，两个星期下来曾昌飚就赚了5000元。由于有了这次成功的合作基础，后来他再需要货的时候，只需打个电话，厂家就准时发货给他。总结这次经验：其实，信用也是一种投资，只有首先信任别人，才能让别人信任你。

创造：东北第一个"温州一条街"

1992年，曾昌飚从北京到了沈阳。他的一个叔叔是吴江制造厂的厂长，在沈阳有一个经营部，位于沈阳市的正阳街。200多平方米的3个门面，年租金是11万元。可是租了两年却亏了两年。对此曾昌飚感到不可思议："东北市场那么大，怎么会做出亏损来呢？"于是一到沈阳，曾昌飚就先开始考察市场。

当时沈阳的五爱市场刚刚成立，服装产业也渐渐呈上升趋势。虽然，当时的规模还比较小，但经过分析，沈阳是东北金融、文化、交通各方面的中心，是一个有着相当潜力的市场。特别是作为生活必需消费品的纺织品。于是，曾昌飚当机立断对叔叔说："我来接盘。"这样，他借了30万元，在叔叔的支持下接过了这个亏损了两年的摊子。

第一年，曾昌飚就做了1000多万元的业绩。曾昌飚说："原因其实很简单，因为原来的经营者做的是服装面料和辅料的零售生意，形式单一、产品品种不全；而我做的是批发和生产，品种多样、色彩丰富，不仅做国产产品，而且也做进口产品。同时，有旁边五爱市场的支撑，再加上批发价格的优势，以及沈阳作为东北中心城市的辐射作用，生意自然一下子就起来了。"

扭亏为盈后，曾昌飚又乘胜追击，在五爱市场旁边与政府联手建立东北服装材料城，并成立了东北服装材料城联合工会。建设了这个服装材料城，谁来经营呢？首先想到了温州的老乡们，就从温州招来了经销商。于是，东北服装材料城还有一个名字，叫"温州一条街"。

"我做市场，首先是与一个地方区域经济的发展结合起来考虑的。'温州一条街'是视当时沈阳五爱市场、商业城的周边情况来定位服装辅料这个行业的。"事实证明他当时的决策是正确的。

现在温州一条街的经营户已经从当时的30多户发展到100多户。而许多温州小老板在他的带领下生意越做越大。有一句话叫作"计划不如变化快"。虽然，从大的方面说，选择建设东北服装材料城没错，但1995年、1996年纺织业的寒流还是逼迫曾昌飚要快速做出反应。于是，曾昌飚开始了跨行业的发展。这一步跨到了钟表业。至今，他的"中旭表行"在全国有107个专卖店和专卖柜。

跨越：建立辽西最大的服装批发市场

如果说，从服装材料到钟表业是曾昌飚的第一个行业跨越，那么，后来从事房地产、电子商务、保健仪器等行业可以说是完完全全进入了多元化经营。

2000年在沈阳完成原始积累之后，曾昌飚又到了辽宁省的朝阳市。“作为东北的一个地级市，我发现这里缺少的是商业地产。而我的理念是，商业地产不仅仅是来钱快的房地产业的一个分支，而且可以带动一个地区的商业气氛。”于是，一个投资1．2亿元的朝阳华隆商业广场在2001年正式启动。这个广场的建设不仅使企业获得了新的增长点，也为当地经济发展增添了一道亮丽的风景。

联合：打造中国第一座商会总部大厦

2003年筹划承包平壤第一百货商场，震惊中国乃至世界，同时也抛砖引玉——凸现朝鲜经济发展对世界上的影响，吸引了无数商家关注的目光，使人们意识到随着全球经济一体化的不断发展，朝鲜所蕴含的无限商机。曾昌飚也因此被中央电视台主持人白岩松请进“东方时空”的“东方之子”栏目做人物专访。

2005年，曾昌飚联合温州、闽南、福州、宁波、莆田商会在沈阳投资建设中国乃至世界上第一座商会总部大厦。其坐落在沈阳市中心的黄金地段——青年大街，是集高档写字间、会务中心、名品广场、餐饮、娱乐休闲于一体的智能化大厦。商会总部大厦的建成不仅为辽宁增添一座走向国际化的地标建筑，同时还具有政治、社会、经济巨大的凝聚力，商会总部大厦将把在辽的国内外商会及当地的行业协会、工商联都凝聚在一起，为辽宁与全球搭建了一个招商引资的广阔平台。

同年联手打造东北亚规模最大、商务功能齐全，并具有国际化标准的集商贸和物流于一体的综合性商贸广场——国际商贸城，世界各大知名品牌商家云集在此，进一步扩大东北在国际市场上的影响力和竞争力。

2006年5月，作为组委会执行主席，也作为东北唯一一位浙商企业家代表的曾昌飚出席首届“中国商帮论坛”，并与横店集团董事长徐丈荣、现代控股集团董事长张鹏飞等一同代表浙商发表讲话。2006年度商会总部大厦已在紧锣密鼓的施工过程中，而未来的沈阳金廊工程中，还将有两座富有生命力和思想内涵的IT大厦和金融大厦诞生，同年成立商会总部财富俱乐部。

曾昌飚不但协助配合沈阳市政府招商引资，为沈阳的经济发展做出了一定的贡献，还积极参与公益事业，捐助希望工程，出资救助贫困大学生，参加拥军爱民活动。曾昌飚说他的人生哲学是：只要敢想、努力去做，就没有实现不了的理想。但这样的理想是建立在自己不断学习、不断吸收的前提下。一个蓄电池，只有当自己能量充沛的时候才能发出更多的光和热，在此前提下，先把最坏的底线设定好，才能勇往直前。

愿景下的创业四重奏——孟贤林

孟贤林经历过失败，但他不断地总结、一直在坚持。成功有时似乎离他很近，但有时似乎又离他很远。而真正走到今天并获得成功，孟贤林认为要先有一个极端渴望并极具动力的愿景，因为它能改变自己的世界观和价值观。然后，在这种愿景的激励下，才可能走向创业的成功。

大学时形成的愿景

孟贤林毕业于大连大学，对于他来说，有创业这个想法是在大三的时候。当时他听了一个讲座，主讲人是当时广州一个著名财经杂志《南风窗》的主编——秦朔。他来学校售书并举办了一个讲座，孟贤林听了他的讲座也买了那本书——《学习成功学》。他回到宿舍一夜没睡，把那本书仔仔细细地看了两遍，第二天早上他突然发现自己对人生有了崭新的认识。

书的主题是如何实现自我。而当时孟贤林就在想："怎么样才能实现自我呢？"那本书里举了很多知名企业家和政治家的案例。孟贤林说当时看完以后有一种在武侠小说中与武林高手切磋的感觉，当时他就想："那些企业家或政治家们非常潇洒，可以出入人民大会堂，动辄就是数亿元的投资。这是一种怎样的潇洒，以后我也要成为这样的政治家或企业家，这才是实现自我价值的最好方式。"孟贤林后来说："事实上，今天看来当时这个不切实际的想法是不明智的，但是这却支撑着我度过了大学四年生涯，并激励我将目光集中到创业实现自我这件事上来。之所以现在说这个想法是错的，是因为这是一个显得虚无缥缈的想法，并没有让我对未来的职业生涯有更明确的规划。"因此，孟贤林告诉所有对未来有创业愿景的大学生，不管别人的成功会给自己带来怎样的改变，都希望大家明白创业并不是一个很空的思路，而在于你找到你自己狂热的、很有动力去做的事，如果找到这件事，创业成功的几率就会非常大。

毕业后的创业规划

2002年毕业后的孟贤林，在"东软信息技术学院"工作了一年，之后毅然决然地去了英国，在英国近五年的时间里，孟贤林一年半的时间用于读书，剩下的三年多时间都用于创业。但这几次创业可以说是失败的，前两家公司在很短的时间内就倒闭了，赔了一些钱也赔了很多的时间。但对孟贤林来说，并没有因为创业的失败而沮丧，反而让他感到很高兴。因为在这段创业期间他非常的投入，可以说是在享受创业的每一天，在这过程中他还总结了大量的经验，为后来的成功打下了坚实的基础。

第一次创业，孟贤林做的是外贸，卖的是类似电表的仪器，产品非常好，技术含量很高。他投了所有的钱，接着去跑市场，做好一切可能的努力但还是失败了。他总结其中原因有两个：一是对市场的分析不足，不够透彻，使得对整个市场的把握都是错误的；二是错误地估计了创业的风险，把一切都想得过于乐观。

经历过第一次失败，很快孟贤林又开始了他的第二次创业。孟贤林的第二次创业，来源于一位认识的教授，他写了一本关于cultural transformation（知识转移）的书。这让孟贤林想起当时中国一件成功的案例：有一家公司，从美国引进了一本书叫《知识革命》卖得非常火，单版权费就赚了很多钱。当时孟贤林觉得这是一种很值得借鉴的商业模式，就决定推销这本书。于是，就去跟教授谈妥了，这件事做了将近半年，仍是以失败告终。但这次他也总结了失败的原因：一是对于中英文化差异方面没有做太多的考虑；二是对于中国的出版业不熟悉。所以孟贤林总结了一个教训：坚决不做自己不熟悉的行业，因为根本不知道这里面的游戏规则，所以你只有“被人玩儿”的分儿。

在投入了很多精力和金钱仍然面对失败之后，孟贤林就开始沉下心来研究软件外包，起因是当时他看到无论是国内还是国外的媒体，都纷纷报道关于中国软件外包产业的迅猛发展，尤其是其在全球范围内的服务外包，这引起了他很大的兴趣。当时中国这个行业还是处于一个比较低的水平，而印度却已在这个行业处于领先地位。

总结以往的失败教训，对于一个相对成熟的行业，如果你没有一个较强的支持资源，就不要轻易进入。因此，最好要找到一个相对不成熟的市场氛围，这样机会大一些，正所谓乱世出英雄。

生活中每一点每一滴的经历都有可能成为你创业想法的一个来源。在有一定的条件和团队之后，孟贤林就回到大连从事这个行业，在创业团队开始运作之前，他们一直在讨论一个问题：公司是做项目还是做与项目相关的产业？如果选择了做项目，10年时间能否做到中国第一？答案：不可能。因为中国相对成型的外包企业已经运作了10年。于是，孟贤林认为也许外包行业咨询是一个很好的切入点，5年时间能否做到中国第一？答案是有可能的，因为在项目咨询方面，中国还没有一个成型模式在运作。

这也印证了孟贤林的创业经验，一个相对不成熟的领域孕育着专富的机会。

下过岗的人最知道事业的宝贵——孙丽娜

孙丽娜是一个下岗的大学毕业生，她原是一家纺织厂的技术科长，很有前途的后备干部，可是工厂破产了。下岗后她决心不给国家找麻烦，自己创业，她办起了美容院。随着人们生活水平的提高，美容院发展得很快，她的美容院越办越好。后来，她当选为唐山市第十一届人大代表、迁西县第五届政协委员，她成了当地的一位名人。

突如其来的下岗

1991年，孙丽娜从大学纺织工程专业毕业后，被分配到唐山市迁西县色织厂。她的出现，在厂里引起了震动。这不仅因为她是厂里第一个大学生，还因为她的美貌、她的谦逊和工作精神。她不仅担负外贸重任，并且研制出新型布料，先后获得省科技奖并被评为唐山市劳模、科技拔尖人才等。1993年，她担任了色织厂的技术科长，并被推选为厂级后备干部。

正当孙丽娜的事业如日中天的时候，厂子停产了。1996年，她和许多姐妹们一样，下岗了。从年轻的后备干部、技术骨干、市级劳模，一下子成为没有工作的“待业青年”，这个打击在许多人身上也许受不了。可是，对天生不服输的孙丽娜来说，生活的打击却成了她再创业的动力。她爱美，上大学时被同学称为“班花”“校花”，同学们穿着打扮都愿征求她的意见；到厂子，她更是姐妹们的美容顾问和穿衣参谋。经过详尽的市场调研，她决定利用自己的特长为大家服务，开一家美容店。然而，她的决定却遭到父母、亲友的一致反对：“哪有大学生干这伺候人的活儿的？凭你的干部身份，对厂子的贡献，换个好点的单位，找份体面的工作。”可是孙丽娜决定不能再给国家找麻烦，要干自己喜欢干的工作。当她怀揣着东挪西凑的4000元钱踏进北京有名的美容学校时，所有的人，包括她的爱人，都认为她只是去白交学费而已。

功夫不负有心人

1996年10月14日，经过简单装修，“安娜美容店”开业了。原色织厂的姐妹齐来庆贺，每人掏出10元钱，表达对她的支持。孙丽娜十分感动，表示：“我一定要干好。”万事开头难，资金、客源等等使她措手不及的问题，伴随她度过无数不眠之夜。有些时候，面对一些挑剔的顾客，她也曾萌生打退堂鼓的念头。但是，她想得最多的是如何发挥自己长项，把美容当成一项事业，要做就要做最好！店里没有生意时，她就埋头学习专业知识。为了对顾客负责，每个品牌的化妆品她都要亲自试用。听说哪家美容院指法好，哪家美容院面膜做得不错，她都要乔装成顾客，前去“偷”艺。

功夫不负有心人，开业第一个月，孙丽娜纯挣900元，这相当于她从前三个月的工资。这是对她诚实劳动的真诚回报，是对她下岗再就业的肯定。孙丽娜攥着900元钱哭了。到1998年，孙丽娜的美容店在迁西已小有名气。这一年，“安娜美容店”改名“安娜美容院”，迁址到县城繁华的商业区。次年，她又开办了美容美发学校。

孙丽娜常说：“吃过苦的人最懂得珍惜甘甜，下过岗的人最知道事业的宝贵。”有一次，一个女孩在母亲的带领下找到她。女孩没有眉毛，一只眼眼皮抬不起来，大面积烧伤使她羞于见人，辍学在家。当孙丽娜得知孩子家庭困难，拿不出钱时，决定免费为女孩整形美容。她先后给女孩做了双眼皮修复、绣眉、去疤痕等，不仅还女孩一副正常人的面孔，更给了女孩一份自信。不久，孩子复学了。为弱势人群竭尽所能提供帮助，在孙丽娜看来就是自己的分内事。她在各种捐资助教等社会公益活动中，慷慨解囊；向下岗女工们讲述自己的创业经历，鼓励她们战胜困难，并教给她们一技之长。几年来，她先后免费培训学员300多名。孙丽娜事业成功了，并且还当选为唐山市第十一届人大代表、迁西县第五届政协委员。

一个“懒”字让她的人生发生了蜕变——杨路

杨路小时候特别喜欢当着亲朋好友的面跳舞，然后得到亲朋好友的称赞，当时她最大的梦想就是成为一名舞蹈演员，可是阴错阳差，最后她却成了计算机专业的一名学生。

大学毕业之后，一位在北京工作的朋友在电话里信誓旦旦地对杨路说，你来北京，我一定帮你推荐一家好的公司。可是当杨路带着满腔的热情来到北京的时候，她的这位朋友却离开北京了，自然兑现不了把杨路推荐到一家好公司的诺言。

杨路面对无数隐藏在高楼大厦里的写字楼，心里充满了失落，她怎么也不明白，凭着自己解放军信息工程学院的文凭，怎么就找不到一份适合自己专业的工作，最后实在没有办法，杨路只得降低自己的要求，只要能够待在北京等到那位朋友回来，什么工作也愿意去做。

就这样几经周折，杨路成为一名玩具业务员，在做业务员的同时，她还在梦想着被推荐到一家好的公司，正是怀着这样的梦想，她一次又一次地去找那位曾经答应帮助她的朋友，可是每一次她都空手而归。最后一位陌生人却给了杨路一句忠告：你没有必要去靠你的那位朋友，要知道真正能够帮助你的永远是自己！正是这位陌生人的这句话，让杨路重新点燃了希望，她一边做玩具业务员，一边向几百家专业对口的公司寄出自己的简历，很快，她就得到了在法国布尔公司工作的机会，在法国布尔三年，她就做到了客户经理的职位。由于在一次展会中的出色表现，她又十分幸运地被世界五百强企业之一——惠普公司相中，并且在惠普公司从一名普通的销售员做到惠普公司中国区行业总经理和惠普商学院的独立讲师。

认识杨路的人都十分羡慕杨路现在拥有的工作，杨路自己也是十分满意如今的工作，如果不出意外，杨路的人生轨迹应该就在惠普公司运转。可是一次偶然的飞行，却改变了杨路的命运，那是在一次去芬兰的飞机上，杨路随手打开了《穷爸爸富爸爸》这本书，书中有这样的一句话："打工的人永远要干到60岁，而投资家和商家却可以到40岁就退休。"

40岁退休，多么大的诱惑！杨路被这句话深深地震撼了。为了少干这20年，她决定向惠普公司辞职，许多人一听说杨路要辞职，都认为她是不是疯了，那可是年薪60万的工作呀，包括杨路的家人，都劝杨路要慎重再慎重。

可是杨路却是吃了秤砣铁了心，谁劝都没有用，并且在辞职一个月后就成立了自己的雅致人生管理顾问公司。杨路以为公司成立起来之后，凭着自己这些年在职场的打拼，公司怎么样也会很快地就火起来，可惜事情却没有杨路想象得那么好，不但每天银子像流水一样往外流，而且由于杨路一开始就没有找到公司的定位，更没有重视公司的运作成本，几个月之后，杨路只得辞退员工，退掉写字楼。

退掉写字楼之后，杨路开始思索自己的人生，她这才明白人生要少干这20年不是那么容易的。好在那个时候还有许多猎头公司打电话给杨路，希望杨路能够重新回到公司去上班，可是杨路却是一个不撞南墙不回头的人，她对那些猎头说，我有自己的公司，我为什么要去帮别人打工？可是自己的公司却已经这个样子了，放下电话的那一刻，杨路也不知道自己还能够坚持多久，还真的能不能把自己的雅致公司经营起来，并且经营好。

正当杨路找不到自己公司的定位的时候，一位在诺基亚工作的朋友打来电话向杨路求助，因为这位朋友需要为企业做一次培训，可是自己却没有时间，于是想到了杨路，并且开出一天1.5万的价格。

在放下电话的一刹那间，杨路就明白了自己公司的定位方向了，她马上就在自己的名片上注上“首席培训师”这五个大字，并且开始着手建立自己的客户群。如今，杨路的雅致公司已经成为许多企业——包括IBM、惠普、诺基亚、微软等许多五百强公司培训员工的首选培训公司，并且形成了自己的风格和模式，杨路也真正寻找到属于自己的人生舞台，她又像小时候那样，站在这个舞台上尽情地舞蹈。

杨路说，如果不是《穷爸爸富爸爸》里面的那一句话，她的人生将在为别人打工这条道上一路走到黑，正是为了能够少干20年的这个想法，改变了她的人生。少干20年，其实就是一个“懒”字。但正是这样的一个“懒”字，却让她的人生，发生了蜕变。

命运不济，自力更生谋发展——刘海玲

刘海玲是一位大学毕业的女学生，她本来想找一个体面的工作，拿较高的工资。但是她到处碰壁，连到打印社里当打字员都受气。她一气之下，去当了报纸投送工。她利用自己的知识，卖报的方法比别人高明，很快就在报刊批发行业里发展起来了，成为豫北地区最大的报刊经销商。

竟然炒了老板的鱿鱼

1997年夏，刘海玲从大学计算机专业本科毕业了，她雄心勃勃，准备寻找一方施展才华的舞台，干一番轰轰烈烈的事业。然而命运不济，几番应聘都没成功，刘海玲只好对自己选择岗位的标准一降再降，一直屈降到营业员、导购员……最后她应聘到一家个体打印店工作，成了一个名副其实的打工妹。更令刘海玲心理不平衡的是，店老板是一个比自己还小两岁，连初中都没有毕业的小姑娘。想想自己大材小用成了一个打字员，况且还是在一个年龄、学历都不及自己的小女孩手下打工，她心里觉得很窝囊，很不是味。并且到了发薪的时候，老板给其他两位打字员每月400元工资，刘海玲却只拿到了200元（老板说实习期工资）。她感到一种莫大的讽刺和侮辱，她心想，自己是一个大学本科毕业生，来到这样一个小店打工还不够资格么？一气之下，她不干了。回到住处，刘海玲越想越生气，她把房子里的一只脸盆当作发泄物，一脚踹了出去。脸盆正好砸在送报纸的女投递员身上。投递员怒气冲冲地跑上楼来兴师问罪，可一推开门，见刘海玲正泪流满面，便坐在她的身边询问起来。在这位大姐般的投递员温情的追问下，刘海玲说出了自己大学毕业后求职的种种遭遇。这位大姐一听，便开导她说："小妹呀，不要工作不顺心就悲观失望，只要你有信心，一定会找到好工作的。我当初也是大学毕业，在厂子倒闭前还是一个科级干部，可现在下岗了，也没有悲观失望、怨天尤人，而以送报纸为生，虽然每月只有300多元钱收入，可生活得很充实。"听这位投递员大姐一说，刘海玲茅塞顿开，心想天无绝人之路，只要自己肯努力，总会有好前途的。第二天，投递员大姐又来的时候，刘海玲从她口中得知《大河报》目前正在安阳招聘发行员，月薪200元。刘海玲便立即去报了名。

自力更生

从此，刘海玲的送报生活开始了。每天早上7点钟，刘海玲从发行站批发报纸出来，推着一辆自行车，逐门挨户地投递，顺便还要沿街叫卖。卖完报之后，其他的投递员都回家休息了，刘海玲还四处奔跑，寻找客户。转眼一个多月过去了，刘海玲的报纸发行量遥遥领先，仅零售报纸的收入每月就高达400多元，加上报社200元的工资和订户提成，她的收入一下子到了800元，这让刘海玲感到非常兴奋，也看到了做报纸发行的希望。与其他投递员不同的是，刘海玲深深懂得和气生财的道理，她见到路边有小孩跌倒了就会上前扶一把，遇到上了年纪的老人上下楼梯不便，她会扶老人一把。她出没的几个小区的住户都熟悉了这个年轻美丽、心地善良的女报贩，人们对她都很友好，放着报亭的报纸不买，情愿晚买一会儿，也要等着她来，一些住户订报也不去找邮局而是让她代理。不知不觉中，她的业务量一路飙升，半年之后，她的发行量已经名列第一，每月的收入轻轻松松达到千元以上。《大河报》是河南省发行量最大的一份报纸，当时每天有40多个版面，内容五花八门，包括国内、国际新闻、军事、经济、体育、娱乐、股票，还有大量的广告，虽然每份报纸只卖5毛钱，可对于一些下岗工人或在校学生来说，天天买报纸也是一笔不小的开支，而且一些人往往只对其中的某个版面感兴趣，对其他部分买了也不看。为了迎合这种特定读者的需求，刘海玲灵活经营，打破了中国报纸发行的惯例，拆版卖报，每版1毛钱即卖。这样一来，一份定价5毛钱的报纸，被她卖到了4元。当然不可能每份拆版报纸都能全部卖出，但是比卖整份还合算。巧卖报纸，刘海玲每月额外多赚500多元，听起来真让人感到新鲜有趣。从卖《大河报》中尝到了甜头的刘海玲，把《南方周末》等其他厚报也破版出售，受到了读者的欢迎。

成豫北最大报刊经销商

2000年，刘海玲在报纸发行上已经打拼了两年多，从白手起家做起，至此她有了一笔几万元的积蓄，春节回家过年时，她把没有考上学的两个妹妹接到了安阳，她去跑订户，让两个妹妹上门投递。三姐妹相互配合，业务量不断扩大。可总是这样跑来跑去，没有自己固定的经营场所，刘海玲总感觉心里不踏实，于是，她便四处打听有没有转让书报亭的。2000年3月，刘海玲在安阳市红旗路上接手了一个书报亭。她把在乡下的父母接来照看报亭，自己负责进货送货，两个妹妹送报卖报，一家5口人紧密合作，成了一个家族报业“集团”。她家书报亭的生意格外地好，每月除了书报，再加上公用电话和零售饮料的收入，纯利润达到2000多元。看着书报摊利润丰厚，刘海玲瞅准时机，又在繁华地段一口气接下了两个书报亭，分别让两个妹妹经营，至此她的发行规模进一步扩大，事业渐入佳境。刘海玲并未满足，胆子也越来越大，心气也渐渐地高了起来。她想把报纸发行做成一番大事业。2002年5月，她一口气又买下了5个书报亭，加上原来的3个书报亭，总共有8个摊点，月收入超过12000元。

2001年5月，刘海玲到广州旅游时，发现广州街头的书报亭的报刊品种比较丰富，比安阳的报刊市场多出了几十种，有些大的书报摊经营的报刊达200多种。与广州的报刊零售市场相比，安阳的报刊市场真是有点寒酸，因为安阳的报刊发行只有邮局一家垄断性经营，缺乏竞争机制，导致报刊发行不畅，书报亭常卖的杂志仅有十几种。看到如此情况，刘海玲产生了一个大胆的想法：何不自己成立一个报刊批发中心，与邮局竞争一下，激活安阳的报刊市场呢？想到这里，刘海玲再也无心旅游了，而是走遍广州的报刊发行部门打听行情，进行市场调研。通过调查，刘海玲看清了报刊批发行业巨大的利润，促使她下定了扩大投资的信心，于是她来到广州几家报刊发行部门谈妥了合作事宜。刘海玲从广州回来，说干就干，立即到安阳市文化市场租了门面房，办好有关手续，成立了安阳市首家报刊批发中心，随即与国内30多家报刊社建立了合作关系。为了和邮局竞争，刘海玲引进了广州的报刊配送模式，她投资7万多元买来一辆面包车，雇了一个司机，为各个书报摊送报刊上门。这一招果然厉害，先前安阳市邮局的报刊批发由于是垄断性经营，一直是坐等客户上门取货，客户来往不便，且既花路费又浪费时间，刘海玲的报刊上门配送，正好解决了客户的这些不便和麻烦，再加上她的报刊都是由发行商直接供货，速度既快，价格又低于邮局，凭着这些看得见摸得着的便利与实惠，刘海玲轻而易举地抢占了安阳报刊发行市场的制高点。两年后，刘海玲的资产已达到了100多万元，拥有了2辆报刊配送车辆、15个书报亭、一个报刊批发门市部，手下雇用的员工达30多人，她不断扩大市场网络，将安阳所属的一些县市也纳入了她的供货范围。迄今为止，刘海玲已经是豫北地区最大的报刊经销商，全国有200多家报刊社与她建立了合作关系。说到自己的成功，刘海玲深有感触地说："人不能把自己看得太高了，甘于大材小用，从小处做起，才有了我今天的成就。"

失败中的机会——王庆堂

到香港的第一年，香港的金融风波余劫还没有消去，工厂不是裁人就是减产，王庆堂好不容易才在一位福建老乡的帮助下，在一家草菇场做上了工人。

王庆堂任劳任怨地干着这份来之不易的工作，每天忙着搭架、铺棉这样很累人的工作。这样的工作虽累，但王庆堂的心里却非常地充实，因为他认为自己终于在香港站住脚了，只要站住了脚，就会有赚很多很多钱的机会。

一天，王庆堂到海边去玩，忽然看见有车把纱厂不用的废棉运到海边上，王庆堂捡起丢弃在海边上的废棉一看，不由得心花怒放，自己在草菇场用的原料可不就是纱厂的这种废棉，如果自己和纱厂联系，购买他们需要丢弃的废棉卖给草菇场，那不是很好的生意吗？王庆堂马上跑回草菇场去找老板。一见到老板，王庆堂就说自己能够弄到废棉，问老板能不能收购他的废棉。老板笑着拍了拍王庆堂的肩膀说："买谁的不是买，你有当然买你的。"

王庆堂像小鸟一样飞到纱厂，几经交谈，纱厂答应一个星期卖一车废棉给他。可是令王庆堂万万没有想到的是，第一车废棉运到草菇场，草菇场的老板就不要。原来王庆堂拉来的是高档纱厂的废棉，棉中的纤维太长了，根本就不是种草菇的那种废棉。

王庆堂心里那个悔呀，不知道用什么词语才能形容，更要命的是自己和纱厂订的合同是一个星期一车废棉，这可往那里销！几个月下来，草菇场旁边的一块空地就像一座小山一样了，王庆堂的同事都笑话他不知道天高地厚，到香港才3个月就想做生意。

王庆堂没有时间理会同事的讽刺，只要一有时间他就往其他菇场跑，希望能够有一家菇场愿意接受他的废棉，每一次菇场的老板用手一捻他拿来的废棉样品，就说：不行，纤维太长了。

这样被拒绝的时候多了，王庆堂忽然想，纤维太长是不是可以卖给低档的棉厂，于是王庆堂抱着试一试的心理，找到一家低档棉厂，棉厂一看王庆堂给的废棉样品，竟然同意收购王庆堂手里的废棉。王庆堂做梦也没有想到谁都认为失败了的事情，最后竟然被自己赚到500元一车。

王庆堂从废棉生意上尝到了甜头，他决定不在草菇场做了，而是做自己的废棉生意。他一边把高档纱厂废弃的纤维长的废棉卖给低档棉厂，然后把低档棉厂废弃的纤维短的废棉卖给草菇场。王庆堂觉得自己可以把纱厂的废棉生意都包下来，这样就不担心以后有人跟自己争生意了。于是他跟纱厂的主管说了自己的想法，这位主管问王庆堂怎么能够全部承包下来，有那么大的能量吗？王庆堂一着急，竟然说漏了嘴，把自己就是把废棉卖给低档的棉厂的事给说出来了，主管一听，马上就不提供给王庆堂废棉了，而是自己把废棉直接供给低档棉厂。

一下子就失去这么好的一个赚钱机会，王庆堂痛苦得几天几夜都睡不好，自己只有草菇场这一个机会了，怎么样也不能再丢了，可是草菇场的量不大，如何才能提高草菇场的用废棉量呢？王庆堂左思右想，想到了教别人种草菇，因为自己在草菇场做过工人懂得种草菇。于是打广告，免费传授草菇技术，一传十，十传百，种草菇的人越来越多，香港郊区一下子冒出了几十家草菇场，每一家一想到原料就找王庆堂，王庆堂做梦都被自己笑醒了。

可惜这样红火的场面维持还不到半年，因为种草菇的人太多，草菇的价格大跌，原来很红火的草菇废棉生意一下子就没得做了。但这一次王庆堂一点也不伤心，因为他已经成熟了，他知道每一次的失败之中，都隐藏着一个更大的机会，需要的只是换一个角度想一想，从不利之处发掘出隐藏的另一种价值。

还真的是这样，王庆堂又从这些废棉当中，发现这些废棉经过处理之后，还可以提取出棉花来，这样的棉花对纺织帆布和牛仔布的厂家来说更是急切需要的，就这样王庆堂开始了他的又一次起飞，直到今天，王庆堂成了世界上最有名的再生棉加工领域的商人和企业家。

下岗工人创造的财富神话——侯晓军

工作近20年，却要面临下岗

侯晓军1975年参加工作，在邮电部第十研究所电讯元件厂工作了近20年，1994年下岗后，离开了自己的工作岗位。对于已经习惯在工厂干活拿工资生活的他，20年来从未想过离开工厂怎样生活。在家闭门不出、蒙头大睡了半个月后，他终于痛苦地意识到：自己要出去谋生了。干什么呢？正好侯晓军的一位朋友处有一批积压的落地电扇，每推销一台可以赚10元。冒着炎炎烈日，侯晓军一家商场一家商场地问，流汗不怕，让他受不了的是不断遭遇的拒绝和白眼。转机出现在解放路的一家商店里，一个小伙子很热情地说："等一下，老板马上就来。"受够冷眼的侯晓军非常激动，更让他感动的是老板爽快地要了100台风扇。这个上午，侯晓军淘到了自己的"第一桶金"——赚了1000元，比他在工厂当车间主任时工资多一倍还多。但这样的机会毕竟太少了。随后的一年里，侯晓军推销过各种商品，但不能养活自己和家人。等到身上仅剩600多元钱的时候，侯晓军想，我必须去寻找新的机会了。1995年10月，他踏上了南下深圳的火车。

追公交车得到15%股份

回忆起初到深圳时的情形，侯晓军苦笑着说："对于只有一张高中文凭、年过四十的我来说，深圳的机会并不比西安多多少。"举目无亲，侯晓军整整60多天没有找到一份工作，从家里带来的1000元钱已经所剩无几了。

“尽管没挣到钱，可我从没有放弃的念头，总想着会有机会的。”终于有一天，一张招聘电子玩具厂厂长的广告吸引了他的视线，和对方一联系，才知道厂子还没有建起来。侯晓军毫不犹豫地找上门去毛遂自荐，对老板谈了自己车间主任的经历，并对企业的管理和建设提了不少建议。“大概是我的勇气和十几年当装配工的经历起了作用，这位老板当场决定聘用我负责生产流水线的设计和工程安装。”工资多少都没讲，侯晓军就干了起来。半个多月后，满手水泡的他竟然一个人完成了简易玩具流水线的设计和安装。老板很快提升他为管理生产的副厂长，月薪1500元。“那是我有生以来的最高工资。这1500元我终生难忘，因为来的太不容易了。”由于股东原因，这个玩具工厂不久就关闭了。不过，这段经历给了侯晓军从无到有开办企业的完整经验。不久，他又在一家只有几十人的彩印厂找到了工作。“名为‘经营部’经理，其实就是到处拉印刷业务的活儿，装备只有一辆破烂自行车。”有了从前的推销经验，侯晓军这次老到了许多，他敏锐地发现，对没什么技术力量的小彩印厂，大批量的矿泉水瓶是主要的业务机会。于是，在深圳繁华的大街上，他狂追着驶过身边的一辆辆公交汽车，还不时停下来记着什么。那是侯晓军在忙着抄公交车上瓶装水厂家的地址和联系方式。在其他同事疲于寻找一次只能印一两盒的名片、包装纸、包装盒的时候，侯晓军却拉到了大批瓶装水商标印刷业务。这一回，侯晓军独辟蹊径的生意灵感获得了可观回报：彩印厂老板决定，将厂里15%的股份划给侯晓军个人，参与年底分红。这段苦乐经历磨炼了侯晓军的经营意识。他发现，在经济相对发达的广东，随着汽车进入家庭，与之配套的汽车服务业正逐渐成为朝阳产业，他自己就眼看着一些小小的汽车装饰店很快扩展了门面，增加了员工。这些眼皮底下的成功案例刺激了侯晓军，他决定回西安，自己创业。

回家创业，一炮打响

1997年春节，侯晓军怀揣着在深圳打工挣来的5万元创业资本，回到了西安创业。侯晓军发现，尽管汽车开始进入寻常百姓家，但那时的西安汽车经销商只卖车，不做新车装饰装修等配套服务，车主只能开着车满西安城跑，寻找汽车装饰店，而当时全城也只有几家汽车装饰装修店，规模和服务都不够好。于是，他一连许多天守在汽车销售公司门口，观察每天销量。估算了每天大致的汽车销量，他开始四处找店面。1997年5月，侯晓军的“猴王汽车装饰公司”第一家店开张了，员工只有6个人。如何揽到生意呢？侯晓军心里自有主张：买车的人一般都到大的销售公司，图的就是一个信誉，要做汽车装饰，肯定也会更相信这些大销售商。另外，要能让买主把买车和装饰装修就近一次完成，不跑第二次，肯定也会赢得不少生意。于是，侯晓军找到西安市当时主要的汽车经销商——长征机电公司，要求在他们的销售大院里租一块地方设立分店，公司售出新车后，自己的装饰公司就能及时为车主提供装饰装修业务。而机电公司觉得侯晓军的装饰服务有利于为自己吸引客户，双方一拍即合。侯晓军这一招把对了市场的脉，开店第一月，收入就达到4000元。随后，侯晓军继续通过或租房或交管理费的形式，先后进入陕西五大汽车经销点。稳定的客源帮助侯晓军在资本较少的创业初期，通过数量优势完成了资本的原始积累。这种“服务跟进销售”的经营方式，使侯晓军在后来竞争日渐激烈的西安汽车装饰业中脱颖而出。侯晓军坚持保证质量，同时在服务上下功夫。他率先在西安同行中引入CIM管理方法，将所有顾客的资料集中管理，与客户建立经常的联系。这使他的公司逐渐飙升到陕西汽车装饰装修行业领头羊的地位。如今，侯晓军已经开到了6家分店，有员工160多人，总资产超过千万元。

从巨大失败再到巨大成功——史玉柱

1962年史玉柱出生。他从巨大失败再到巨大成功，期间不知经历了多少挫折，受尽了多少磨难。

2008年，他以98.2亿元的财富，名列《福布斯》中国富豪榜第14位。

创业年谱

1984年，毕业于浙江大学数学系，分配至安徽省统计局工作。

1989年1月，毕业于深圳大学研究生院，随即下海创业。

1989年夏，史玉柱认为自己开发的M-6401桌面文字处理系统作为产品已经成熟，便用手中仅有的4000元承包下天津大学深圳电脑部。该部虽名为电脑部却没有一台电脑，仅有一张营业执照。史玉柱决定赌一把，以加价1000元的代价获得推迟付款半个月的“优惠”允诺，赊得一台电脑。为了尽快打开软件销路，史玉柱想到了广告的宣传作用。1989年8月他再下赌注，以软件版权作抵押，在《计算机世界》杂志上以先做广告后付款的方式，打出半页的广告，宣传“M-6401历史性的突破”，广告刊出后，至当年9月中旬，销售额就已突破10万元。史玉柱付清了全部欠款，将余下的钱重新投向广告宣传，4个月后，M-6401的销售额就突破了100万元。这是史玉柱创业获得的第一桶金。

1991年，史玉柱注册成立巨人科技集团公司，推出M-6403软件。

1992年，巨人总部从深圳迁往珠海市，M-6403软件实现利润3500万元。此后，18层的巨人大厦设计方案出台，后来这一方案一改再改，从18层升至70层，拟成为当时中国第一高楼，当时需资金10亿元以上。

1993年，巨人推出M-6405软件、中文笔记本电脑、中文手写电脑等多种产品，其中仅中文手写电脑和软件的当年销售额即达到3.6亿元。巨人成为位居“四通公司”之后的中国第二大民营高科技企业，史玉柱成为获得重奖的知识分子。

1994年年初，巨人大厦动工，计划三年完工。史玉柱当选中国十大改革风云人物。

1995年，巨人推出12种保健品，投放广告1个亿。史玉柱被《福布斯》列为中国内地富豪第8位。

1996年，巨人大厦资金告急，史玉柱决定将保健品方面的全部资金调往巨人大厦，保健品业务因资金“抽血”过量，再加上管理不善，迅速盛极而衰。巨人集团危机四伏。

1997年初，巨人大厦因资金缺乏停工了，国内购楼花者天天上门要求退款。巨人集团名存实亡，但一直未宣布破产。

1998年，在江苏省江阴市启动卖保健品——脑白金业务。

1999年，在上海注册建立了上海健特生物科技有限公司，生产保健品。

2004年11月18日，上海征途网络科技有限公司正式成立，史玉柱任董事长。

2007年6月11日，征途网络科技有限公司正式更名为上海巨人网络科技有限公司。

总结失败的教训　再次创业获成功

1991年，史玉柱在珠海市成立巨人公司。1994年初，巨人大厦动土，后来因为决策不当，巨人大厦未按期完工，许多购楼花者天天上门要求退款。不久，只建至地面三层的巨人大厦停工，巨人集团名存实亡。2000年，史玉柱“从人间蒸发”，两年后和原班人马重新创业，开始销售“脑白金”等保健品。2004年，史玉柱重返IT业，进军网游，成立征途网游公司。2007年5月，游戏《征途》成为同时在线用户突破100万大关的第三款网游大户。

从开发巨人汉卡（软件）到建设巨人大厦，从卖脑白金到卖黄金搭档，这些都是史玉柱创造的“奇迹”。在中国经济改革的浪潮中，史玉柱无疑是具有传奇色彩的创业者之一。他从一个一穷二白的创业青年，到亿万富豪，再到负债两个多亿的“全国最穷的人”，再到身家百亿的内地富豪，“营销狂人”史玉柱演绎的真实故事情节跌宕，甚至超乎了小说家的想象力。

史玉柱认为，他现在的财富正是多次失败经历所积累的。史玉柱说：“在西方人眼中，只要你是一个创业者，如果你失败过，就会学会更多的东西。美国的投资者非常欣赏我以往的经历，他们觉得你有失败经历，才敢给你投资。”正是这个原因，史玉柱的公司在美国上市获得巨大成功。

重新拾起老本行　创造巨大的财富

从脑白金到网络游戏，不熟悉的人认为行业跨度太大。史玉柱如何能完成跨行业的经营呢？事实上，程序员出身的史玉柱把做网络游戏看成是回归老本行，史玉柱说：“退休前只干这一件事，这个舞台太大了，我一定要把这家公司做好。我是程序员出身，现在回到IT是回娘家了，正是求之不得。第二个原因是我本人特别爱玩游戏，我的工作主要是玩游戏，没有几个老板像我这样的，工作就是自己的兴趣所在，我会充分利用这一点。退休了我也会干IT，我终于找到自己的归宿了，感觉很好。”《征途》这款同时在线玩家已高达百万人的网络游戏，从推出就以每半年翻一番的惊人速度飞快增长。2007年上半年营业收入6.87亿元，净利润高达5.12亿元。同比增长高达734.17%。从2005年开始研发，到2008年，史玉柱进入网游行业还不到三年时间。《征途》在2008年第二季度同时最高在线人数为107万人，平均在线人数为51万人，均为国内同类产品第一。

我只是让我的企业动起来——缪寿良

1987年，缪寿良把发财的目光投向了深圳宝安区的采石业，因为当时的深圳正是飞速发展的时候，建公路、修大桥、造大厦、做飞机场，哪一样能离开石场？可是令缪寿良没有想到的是，像他这样的采石场在深圳宝安大大小小就有上百家之多，每一家都有自己稳定的销售渠道，只有缪寿良要资金没资金，要销售没网络，但这都不是让缪寿良感到头痛的，最让缪寿良感觉到头痛的是深圳的电力不够，动不动就停电，电一停整个石场就一片安宁，这种安宁让缪寿良有一种深深的后怕。

这天又停电了，看着自己的工人大呼小叫地在工棚里面打扑克、吹牛皮，缪寿良再也坐不住了，他决定买一台发电机回来，可是一台发电机需要3万多块，缪寿良就和当时他请的厂长商量买发电机的事，厂长一听就冲缪寿良发脾气，他问缪寿良："是不是我们石场的生意很好？"缪寿良摇摇头，厂长又说："是不是我们赚到了很多钱，比别的采石场都有钱？"缪寿良又摇头，厂长又说："有没有一家采石场买了发电机？没有！你为什么要买？"缪寿良不摇头了，他大声地对厂长说："我担心这样停下来，这个采石场会倒闭，会死掉。"说完这句，缪寿良忽然坚定了自己购买发电机的决心。

当天下午，缪寿良就把发电机买回来了，第二天是一个停电日，第三天也是一个停电日，紧接着一个星期接着一个星期地停。停电的时候，别的采石场的工人只能是喝茶聊天，而缪寿良的采石场却开足了马力。就这样广深公路所有的采石业务都因为缪寿良的采石场没有停过产，能够保质保量及时交货，而把所有的石料业务都承包给他，并且石料的价格也由原来的18元每立方米涨到36元每立方米。

缪寿良在这一年掘到自己事业的第一桶金，完成了从一万到千万的转变，后来有许多记者写缪寿良的时候都说，缪寿良是因为凭着自己敏锐超前的眼光，和人无我有、坚持己见的胆识，把握住机会，把劣势变为优势，才使得原本不起眼的小采石场在众多采石场中脱颖而出的。

每每看到记者这样写自己，缪寿良都是摇头一笑，因为他自己心里最清楚，他购买发电机的出发点就是担心采石场会停下来，担心停下来后工人会萎靡不振，没有了生气。因为缪寿良在不让采石场停下这件事上想到了自己7岁时候的一件事情，那是一个十分寒冷的冬天，缪寿良和自己的母亲挑柴到4公里外的柴炭市场去卖，在路上走着的时候，缪寿良感觉不到身上有什么冷，可是当身上的担子一放下，马上就觉得全身发冷，牙齿打战，这时身边的母亲马上拉住缪寿良说，“快站起来运动，不要停！”于是穿着单薄的缪寿良马上就动了起来，不再停下，不一会儿缪寿良就又感觉到全身发热。

全身发热的缪寿良从采石场生意中狠狠赚了一笔后，又开始兼并收购其他采石场，并且一举拿下深圳飞机场三分之一的石料供应。到了1992年，缪寿良已经不满足于向别人供应石料让别人盖房子建大厦，他决定自己向房地产业进军。可是正当缪寿良投资一个又一个项目的时候，他却迎来了自己的冬天，因为投资过快，资金一下子周转不过来，在楼市上就有一两个亿的资金被套牢。更可怕的是当时深圳的高层楼房的房价从九千多块一个平方米跌到五千多块一个平方米。

缪寿良的公司陷入到空转，所有的项目都停了下来，缪寿良见不得公司停下来，他再一次做出一个惊人的举措，趁着当时的地价低，大量购置土地，并且大规模地上马建工厂和商贸城项目，还在宝城海滨修建了富源工业区，那个时候许多人都说缪寿良是不是疯了，但缪寿良却对他的手下和说他疯了的人说：“现在就像寒潮来临的时候，如果你还穿着单衣，要想不被冻死，只有不停地运动。”后来事实再次证明缪寿良的不停地运动的理论是对的，因为缪寿良这次投资使得富源集团成了一个多元化的企业。

如今缪寿良的富源集团更是进入中国的五百强企业，但每次提起这些变化的时候，缪寿良都会说我只是让我的企业动起来，因为我担心它一停下就再也没有力气站起来了。

在绝望的时候活下来那才是伟大当中的伟大——荣海

虽然身为海星集团的老总，但荣海却一直喜欢下属称呼他为“荣老师”，这并不是因为他怀念曾在西安交大教书时的教授生活，而是他觉得

“荣总”这个称呼商业味太浓，包含了太多的关系——经济的、上下级的。他喜欢人与人之间简单的关系，这可能和他一生中经受过的那次最大的伤害和挫折有关。

1988年，做了8年老师的荣海下海，在一间60平方米都不到的废旧车库里办起了西安海星计算机控制与接口技术研究所。两年后，公司的收入达到了400万，纯利有100多万元。然而让荣海万万想不到的是，就在这个时候，公司发生了一场大地震似的分裂，几乎使他遭致灭顶的打击。

荣海永远都记得1990年那个寒冷的冬天。那天他刚风尘仆仆地从深圳出差回来，与他一起创业的三个副手——他的学生、同学、朋友，却要和他分财产，他们理直气壮的缘由就是因为荣海曾经说过的一句话：“海星是大家的，人人都有份。”在利益面前，那么多年的感情全没有了！虽然海星创立时，这三个人没有投资一分钱，只有荣海投入了3万元，但君子一言，荣海还是忍着心痛，眼睁睁地看着他们毫不手软地拿走了所有的钱，把能变卖的东西全都变卖瓜分了。

人散了，海星也只剩下一块牌子和一些没有人要的旧机器。与荣海同为公司核心层四人团队中的那三个人把大部分客户带走了，20名普通员工也被带走一半。最可气的是，先走的两个副手后来还埋怨后走的那个：“你要是早和我们一起走，我们就能把客户全部带走，荣海肯定早就完蛋了！”钱都全部分给他们了，他们还要这样赶尽杀绝，荣海愤怒了，于是他开始检讨起自己的管理方式。

他听说过一个故事，有个善良的国王，经常把钱送给穷人，最后他只有五个铜板了，一贫如洗的他被人赶下了王位。带着五个铜板流亡的他在路上看见一个在乞讨的老婆婆，他想，自己怎么也比老婆婆强，于是就把所有的铜板都给了老婆婆。老婆婆突然拿出一个钱袋子给他，说：“不管在什么样的情况下，你都会有五个铜板的，不过你要牢牢记着，一个人只有善良是不够的，还要有聪明才行。”荣海终于明白了，企业的长远发展不能仅仅靠情感来维系，更应该建立一套科学的管理制度。

那时已是快过年了，荣海宴请了那批自愿留下来和他继续奋斗的员工，他满脸是泪地对着他们发誓：一定不会辜负大家的期望，一定能闯出一片天地来！

在这场大震荡的5个月之后，康柏公司代表到西安来委托一家国营计算机公司开拓西北市场，但这家公司却一直决定不下来，康柏代表只好遗憾地离开。荣海得到这个信息后，马上登上飞机，追到深圳去找康柏代表。医为对海星没有信心，康柏代表把代理条件定得很苛刻，想让荣海知难而退：一、只允许海星做地区性代理：二、拿货的价位比其他代理商高三个点，全年完成1400万美元销售额后，才返还那三个点；三、首次现款吃进110万美元的货。

110万美元对于刚被“洗劫”过的荣海来说简直难于登天，但他却眉头不皱地接下了挑战，回西安后又壮志激昂地对员工宣布，海星现在是康柏西北地区的唯一总代理了，公司马上要在兰州、武汉设立办事处……员工们都被激励起了一腔豪情。荣海在一番努力之下，寻求到了银行的合作，开始了代理康柏微机的起步，在6个月的时间里，他做出了1300万美元的销售额，公司盈利800万人民币。海星开始崛起，并很快开始了高速发展。

现在，荣海领导的海星集团，拥有固定资产逾10亿元，员工1300余名，海内外直属子公司18家，二级子公司40家。产业横跨计算机、饮品、连锁超市、房地产、高效种植等行业，被誉为“西部奇迹”。2000年，他被美国《福布斯》杂志评为中国50富豪第17位。其个人资产为170亿美元。

成功后的荣海仍然记得1990年那个寒冷的冬天，但这是一种胜利者骄傲的记得。在遭受这样的重创后，他怎么还能挺住，并重新屹立起来？荣海说：“在绝望的时候如果死掉的话不算伟大，在绝望的时候活下来那才是伟大当中的伟大。”

在困难中依然坚守信念——松下幸之助

1894年出生的松下幸之助是日本松下电器公司的创始人。他的企业从一个3人的小作坊起步，经历了半个世纪的拼搏，发展成为拥有职工2．5万人的跨国集团。在几次大的经济危机冲击下，许多企业倒闭了，而他的企业却稳稳地站住了脚跟。通过本文，我们不仅可以了解松下幸之助本人创业的经历，同时也可以看到日本现代工业发展的轨迹。

自主创业，出师不利

1894年11月27日，松下幸之助出生在日本和歌山县海草郡和佐村，排行老七，是兄弟姐妹中最小的一个。松下幸之助四岁时，家境开始没落，生活困难，经常缺吃少穿。松下幸之助只读到小学4年级，就被迫辍学了，家里把他送到大阪市一家做火盆生意的店里当学徒（当时当学徒是一种最苦最累的工作，每天要打扫卫生、做饭、给老板抱孩子，什么活都得干，而且没有工资，只管吃饭）。后来他又到一家卖自行车的店里打小工，他勤奋好学，老师傅都喜欢他。1910年，不到17岁的松下幸之助进入大阪电灯股份有限公司，当了一名安装室内电线的练习工，由于他勤奋好学、工作积极、技术好，所以很快被提升为检查员。

1914年，第一次世界大战爆发了，欧洲大陆成为战场，物资奇缺，日本的产品就成了抢手货，不管什么都能卖得出去。这就大大地刺激了日本工业的迅速发展，日本国内工商企业像雨后春笋般地发展起来。松下幸之助也产生了独自创办企业的念头。于是，松下幸之助毅然辞职了。可是他没有钱，自己的全部积蓄，加上刚领到的退职金，也才只有200日元。他的两位老同事森田延次郎和林伊三郎是他的支持者，加上他的妻子和内弟井植岁男，一共只有5个人。没有厂房，他们在院子里搭起了一个棚子，就这样办起了家庭作坊式的工厂，生产松下幸之助设计的改良电灯插座。当他们历尽千辛万苦，生产出一部分样品后，却又推销不出去。他们拿着样品，走遍了大阪的大街小巷，几乎问遍每一家销售电灯的商店，一天最多也才能卖出10只，10天下来，总共只卖了100来只，收入才10日元。这就是他们奋斗了4个月的结果。出师不利，由于资金缺乏，连工资都开不出来，两位伙伴只好自谋生路去了，松下幸之助夫妇和内弟三个人仍苦苦地支撑着。那段时间真是非常艰难。从1917年4月到1918年8月止，松下幸之助十几次将他夫人的衣服、首饰等物送进当铺抵押借钱，用以维持生活。

绝处逢生

然而，就在他几乎绝望之际，曾经是合作者之一的森田延次郎给他带来了生机：有一家北川电器制造厂对他的产品使用的材料感兴趣，看过样品之后，要订购1000只电扇底座，并且不需要任何金属配件。这对松下幸之助来说，真是“山重水复疑无路，柳暗花明又一村”，他们又有了希望。夫妇俩和内弟一起投入紧张的生产，大约10天工夫，完成了全部订货。不久，松下幸之助收到货款，扣除成本，获毛利180日元，基本收回了当初开业时的投资。第二年年初，他又接到2000个底座的订单。松下幸之助意识到必须扩大规模，小小的家庭作坊已经显得地方太小了，于是决定搬迁到大开町（街），租赁一座新建的两层楼房，楼上住家，楼下当工厂。从此，松下电器股份有限公司的前身——松下电器制作所诞生了。一年多的经历使松下明白了一个道理：一个人在这个世界上要想做成任何事情，总会遇到许多困难的，在困难面前许多人会选择放弃，这样就永远失去了成功的机会。其实，机会与困难是同在的，克服了困难，成功的机会就出现了。另外，他还明白了一个道理：新产品必须站在广大消费者的角度考虑。他原先设计的插座，就是仅考虑到安装上的方便，与广大消费者并没有多大关系，所以就不好销售。

松下幸之助是个善于研究、善于发明、善于改进的人，他紧紧抓住“研制新产品，开拓新市场”这一环节，以电灯为中心，不断地发明出一些相关的新产品。但从市场销售来看，主要产品仍是电灯改良插头和双灯用插头，这两种产品质量优良，价格低廉，其他厂家无法与之相比，因此需求量年年上升，市场渐渐扩大到东京、大阪、名古屋、九州乃至日本全国。这时，松下幸之助手下雇员已有50个人，每月营业收入达到1．5万日元。但在当时日本国内的电器产品生产厂家中，他仍然属于“小人物”。松下幸之助知道，要想赶超同行，只有一个办法：研制新产品，开拓新市场。那时候，自行车已成为日常交通工具，而城市的市政设施还比较落后，道路不好，路灯不明，人们夜间骑车面临着照明的问题。虽然用干电池的车灯已经问世，但由于电池使用时间太短（仅3小时），几乎没有实用价值。人们甚至用煤油灯挂在车头，夜间骑车极为不便。

松下幸之助认为只要能延长电池的使用寿命便可以解决问题，但是延长电池寿命的问题很难解决。一次他去拜访生产电池的朝日公司总经理松本时，松本告诉他，如果能将这种车灯的小灯泡重新设计，使这种小灯泡的耗电量减少而亮度不减，问题不就解决了么？松下受到很大启发，他很快就研制成功了新的车用小灯泡，半年后终于制造出一种炮弹形的电池车灯。这种车灯使用3节干电池，使用时间可达到40个小时，其设计巧妙，价廉物美，产品投放市场后，深受人们欢迎。这时，有一个叫山本武信的商人找上门来，这人极有商业头脑，在大阪商界颇有声誉。他向松下幸之助提出由他担任大阪地区总代理商，保证1个月售出1万只炮弹形车灯，3年代销36万只。如果销售不出去，山本商店愿承担一切损失。更令幸之助大为吃惊的是，山本武信答应将3年的货款一次性付给松下电器制造厂。松下电器从此发展迅速。

松下电器之所以能够把企业做大做强，其中一个重要的因素就是不断地把新产品推向市场。松下电器相继生产出电熨斗、电炉、电热器、真空管收音机等新产品。他以“高于他人的质量，低于他人的成本，优于他人的服务”为宗旨，在日本国内占据了越来越广大的市场。他的工厂多次扩建，并先后兼并了一些企业，到20世纪60年代，松下电器公司一跃而成为日本电器制造业的霸主，并且成了世界著名的家电制造商。

创建企业文化　关注员工生活

既然松下幸之助的目标是谋求民众的幸福，那么首先他自己公司的职员就不能例外。松下公司在物质方面给职工以优厚的待遇，在日本率先采取五天工作制，实行男女工资平等，工人到35岁就能得到一套自己的住宅。松下采取的这些措施，使职工真正感到了幸福。他还极为重视培养人才，把培养人才当成企业的社会责任，制定出许多培育人才的措施。松下幸之助曾说：“松下公司是培育人才的公司，兼做电器生意。”松下幸之助尊重职工，处处考虑职工利益，他使职工在工作中感到愉快和安定，他与职工同甘共苦。

曾有这样一段佳话：1930年初，世界经济不景气，日本经济大萧条，不少工厂都陷入经营困境，很多企业都关门倒闭了。松下公司也受到极大的冲击，销售额锐减，商品积压如山，资金周转不灵，管理人员提出“裁减员工，缩小业务规模”。然而，松下幸之助考虑到广大员工的利益，毅然决定采取与其他厂家完全不同的做法——“工人一个不减，生产实行半日制，工资按全天支付”。同时，他要求全体员工利用闲暇时间去推销库存商品。当时绝大多数厂家都裁员，降低工资，减产自保，失业现象严重，生活毫无保障。松下公司的这一做法获得了全体员工的一致拥护，大家千方百计地推销商品，只用了不到3个月的时间就把积压商品推销一空，使松下公司顺利渡过难关。

在松下的经营史上，曾有几次危机，但松下幸之助在困难中依然坚守信念，不忘为民众谋求幸福的经营思想，使公司的凝聚力和抵御困难的能力大大增强，每次危机都在全体员工的奋力拼搏、共同努力下安全度过，松下幸之助也赢得了人们的一致称赞。

由于以上种种因素，松下电器公司在几十年间，从小到大，经历很多波折，终于成了世界级的大企业。

第四章

学习是一种信仰

当我们把学习作为精神生活的一部分，当我们自然而然地去学习时，学习就会成为一种信仰。当然，学习本身就是一种世界观。它需要吸取更广泛的知识和思想，不断地去丰富、完善自己。

一心研究实用之学——顾炎武

顾炎武在很小时候因为家道衰落就过继给了叔父顾同吉，顾同吉死得早，他由婶母王氏抚育。王氏受过良好的教育，而且非常勤奋。她常常白天纺纱织布，晚上看书到二更才上床休息。受婶母的影响，顾炎武发蒙得很早，他两岁时就开始诵读《千字文》《百家姓》等书籍。

王氏在教他读书识字的同时，还经常给顾炎武讲述刘基、方孝孺、于谦等人的英雄事迹，这对顾炎武的思想影响很大。在她的关心指导下，顾炎武在几年的时间里读完了《左传》《战国策》《资治通鉴》《史记》等史籍。他觉得自己已经知道很多东西了，学习日渐松懈。

敏感的王氏很快发现这个不好的苗头，但一时半会儿又缺乏确凿的证据，就没有批评他，只是苦口婆心地教导他用心读书，不要荒废了学业，还给他讲了许多古代名人勤奋成才的故事。顾炎武只是口头上答应着，其实根本没有把婶母的话放在心上。

有一天傍晚，婶母在外屋织布，顾炎武在里屋读书。婶母偶尔见他弓着腰趴在桌子上，眼睛离书本很近。她以为灯光不够亮，就过去把油灯的灯芯拨了拨，然后回到织布机上继续织布。过了一会儿，她听见“嘭！”的一声，回头一看，书掉到了地上，顾炎武浑然不觉——他睡着了。王氏一下子明白了刚才是怎么回事，就过去把书捡了起来。这时，小炎武也醒了，看到婶母的脸紧绷着，赶忙振作起来，坐得笔直。婶母把书放到桌上，语重心长地说：“你不喜欢读书吗？”炎武摇头。婶母又问：“你觉得自己书读得足够多了，是吗？”炎武的脸一下子变得通红，赶紧低下了头。

王氏说：“你大概还不知道‘乐羊子妻’的故事吧。”顾炎武点点头，说："那就请婶母讲给我听。"婶母便把乐羊子外出求学却中途返回，他的妻子断杼喻学的故事完完整整地告诉了顾炎武。顾炎武很清楚婶母的用意：她希望自己引以为戒，在学习上不要放松，并且能够持之以恒。听完婶母讲的故事，顾炎武抬头看见了她那殷切的目光，感到异常惭愧。他恭恭敬敬地对婶母说："我已经知道自己错了，今后我一定要加倍努力，不辜负您对我的期望。"从此以后，他果真更加努力学习了。

刻苦学习的顾炎武赢得了祖父的喜爱。他经常把孙子叫到书房，教孙子临摹一些古人的真迹。顾炎武进私塾之后，每天放学回来，祖父都要考问他当天的功课。一天，顾炎武轻车熟路地把当天所学的功课讲给祖父听，他满以为祖父会像往常那样赞许自己。不料，祖父却连声叹道："国事竟到了如此地步！这可怎么得了！这可怎么得了！"原来，祖父从《邸报》（一种刊载有关于政事的文书和消息的官报）上了解到了明军在萨尔浒之役惨败的消息。

此后，顾炎武每次走进书房，都看见祖父背着手、摇着头，来回在屋里踱步，还不时地唉声叹气，不是说宦官弄权，就是说灾民闹事。有一次，他竟拉着顾炎武的手，老泪纵横地指着院子里的杂草说："天下再要这样乱下去，以后你们连草根也吃不上了。"顾炎武向祖父请教读书之道，祖父说："读书人最忌死读书。你要多读地理书、兵书战策，从中学些本事。这世道怕是马上就要乱了，要学会用兵打仗。"这样，顾炎武12岁起，就在祖父的指导下系统地阅读《吴子》《孙子兵法》等古代兵书了。

几年之后，顾炎武受传统思想影响，竟向祖父讲起"性理"等修身养性的学问来了。祖父并不欣赏，而是开导他："性理之学，固然有其道理，但当今之世，最重要的是讲实学。"顾炎武问什么是实学。祖父明确告诉他，所谓的实学主要指解决国计民生的学问，包括与种田、治水、带兵、审案等有关的天文、地理、兵法、农垦诸方面的学问，以及历朝历代的规章制度等。祖父意味深长地说："这些实学不知要比修复美性重要多少倍呀！"

顾炎武在祖父的勉励之下，一心研究实用之学，最终取得了不凡的成就。

通过学习建立起其独特的历史观——王夫之

王夫之出生于明朝末年一个没落的地主阶层知识分子家庭。1644年，王夫之25岁时，清军南下占领湖南，他在湖南衡山揭竿而起，抗击清军。失败后，王夫之投奔南明永历政权，因弹劾权奸，反遭迫害，后经农民军领袖营救，才得以辗转逃回湖南。为躲避清朝政府的缉拿，他隐姓埋名，逃亡于湘南各地，饱尝颠沛流离之苦。

当军事抗争毫无意义之时，王夫之转入文化思想领域，去从事另一种形式的斗争。他把自己的亡国之思和对时局政治的思考寄托于学术领域，勤恳著述40年，内容涉及哲学、政治、经济、历史、文学、教育、军事、伦理、自然科学等诸方面，建立了超越前人、博大精深的思想体系。他深入研究《周易》，探讨改革社会的方法，先后撰成《周易稗疏》和《周易考异》两部著作，为终生精研《易》理打下了坚实的基础。他还撰写了堪称民族宣言的政论著作《黄书》。

王夫之对中国朴素唯物主义认识论的发展有着独到的贡献。他继承和发扬了古代朴素唯物主义的优良传统，吸取当时新兴“质测之学”的成果，以“六经责我开生面，七尺从天乞活埋”的创新和求实精神，对社会现实进行了高度的哲学概括，在前人成果的基础上把唯物主义发展到时代条件所允许的高度。他从哲学上和政治危害上全面清算了宋明理学唯心主义，以科学方法剖析了宋明理学的理论根源，并以其在批判中建立的“别开生面”的朴素唯物辩证法体系，为统治中国思想界数百年的宋明理学乃至整个古典哲学做了总结和终结。

王夫之还以唯物主义一元论为依据，从探究人的本质出发，研究人类社会的起源、发展、规律及动力等一系列重要问题，从而建立起其独特的历史观。他在考察社会历史发展过程及其规律的基础上，提出理势合一论。他把历史发展的现实过程称作“势”，认为历史发展过程就是一种客观必然趋势，而发展趋势中所包含的不可改变、不可抗拒的必然性，他称之为“理”。

王夫之一生著述甚丰，除了《读四书大全说》《四书训义》《尚书引义》和《时记章句》等哲学论著外，还撰成《春秋家说》《春秋世论》《续春秋左氏传博议》等早期史论，反映了17世纪我国学术变迁的新动向；并以《诗广传》一书另辟学术门径，试图跳出中世纪诗学的狭隘眼界。

62岁以后，王夫之在衡阳石船山麓筑草堂定居，他不顾年迈体衰，贫病交加，撰写了《周易内传》《周易内传发例》《庄子通》《庄子解》《相宗洛索》《张子正蒙注》《宋论》《读通鉴论》《俟解》《搔首问》《噩梦》《四书笺解》《楚辞通释》及《诗话》《夕堂永日绪论》诸书，可谓著作宏富。

清康熙三十一年（1692年），王夫之逝世于石船山下的草堂内，时年74岁。他的墓碑上写着“明朝遗民王夫之之墓”。

勤学不倦，心无旁骛——李大钊

还是童年时，李大钊的父母便去世了，是祖父李如珍将他一手养大。祖父在李大钊3岁的时候就开始教他认字。李大钊聪明伶俐又爱学习，5岁时便会背诵《三字经》《百家姓》《千字文》。儿时的李大钊不仅会背书，还喜欢看人家门上贴的春联。有时候，他还挤在大人堆里看那些贴在墙上的文告。有一次，村口贴了一张“安民告示”。人们觉得挺新鲜，都挤在那里看，但大多数人都是文盲，只是凑热闹而已，文告上写的是什么一概不知。

这时，年仅6岁的李大钊当着众人的面，一字一句地把文告念了出来。在场的人无不对他刮目相看，都夸他是个小神童。

李大钊面对别人的夸奖，一点都没有得意忘形。他7岁时正式入学，入学后珍惜一点一滴的时间，努力学习。有一天，祖父有事出门，把大钊一个人留在书房里读书。当时正值阳春三月，天气和暖，一群小鸟在书房外面的枣树上嬉戏，叽叽喳喳地叫个不停。李大钊却在房子里安安静静地读书写字，没有受到一丝干扰，好像外面什么也没有发生似的。快晌午了，祖父还没有回来。李大钊觉得有些累了，便到姑妈那里，去帮她干点儿力所能及的小活计。不一会儿，姑妈要李大钊到院子里去玩，歇歇脑子。李大钊却笑着说："我帮姑妈干活，不就让脑子休息了嘛，这跟到院子里玩是一样的。"祖父回家后，听姑妈说起刚才的事，很是高兴。他说："大钊这孩子这么小就能管住自己，真不简单，将来肯定会干一番大事业，让人刮目相看的。"

李家养着一只可爱的小花猫，大钊非常喜欢它，一有空闲就逗它玩。但当他读书写字的时候，不管小花猫在身边怎样"喵喵"地叫，哪怕伸出小爪子挠他的脚，李大钊连看也不看它一眼，仍旧专心致志地读书写字。时间一长，小猫也变得聪明了，只要看到李大钊伏着身子读书或做功课，就躲到远远的地方自己玩，再不去打扰他。

有一次，李大钊正在窗前聚精会神地做功课。突然，两只麻雀互相追逐着飞到窗台上，还不停地"叽喳叽喳"地叫。李大钊好像什么也没有听到。过了一会儿，两只麻雀竟然在窗台上争斗起来，你啄我一下，我啄你一下，还不时地在窗台上打几个滚。这时，如果李大钊悄悄地放下手中的笔，伸手去抓，轻而易举地就能逮住它们。可是李大钊眉毛也没有扬一下，从始至终都在埋头做功课。在院子里干活的祖父见此情景，欣慰地点了点头。

李大钊勤奋好学，知识增长得很快。从7岁起，李大钊相继跟好几位先生读书学习过，因为过一段时间之后，原来的先生便教不了他更多的东西了。11岁那年，他开始跟黄玉堂老先生读书。那时候清政府已经是穷途末路，更加腐败无能，西方列强加紧入侵中国。不久，八国联军攻入北京城，大肆烧杀劫掠。帝国主义侵略势力逐渐渗透到了李大钊的家乡。李大钊亲眼目睹了侵略者欺侮中国人民的恶行，特别痛恨那帮强盗。有一次，他听黄玉堂老先生讲太平天国起义的故事，非常钦佩洪秀全、杨秀清等英雄人物，没等先生把故事讲完，便大声说道："我要学洪秀全，推翻清朝的皇帝！"一时间，黄先生吓得脸色苍白，忙不迭地用手捂住李大钊的嘴，生怕张扬出去惹出乱子。

自此，黄老先生深知李大钊有救国救民的鸿鹄之志，便暗中鼓励他好好学习新知识，准备日后为国出力。几年之后，李大钊考进清政府办的北洋法政学校，走出家乡，去寻求救国救民之路。后来，他终于找到马克思主义真理，担负起了宣传和推动共产主义事业的伟大历史使命。

努力学习，受用终身——陈省身

陈省身于1911年出生在浙江嘉兴的一个知识分子家庭。他的父亲陈宝桢是晚清的秀才，很有学问。他为儿子取名"省身"，源于《论语》中"吾日三省吾身"的语句，意在希望儿子能经常自省自身，追求进步。

陈省身发蒙很早，但由于祖母的宠爱，一直没能正式上学，只在家里跟随祖母等人读书识字、背诵唐诗。几年后，父亲从外地归来，带回一套1892年首次印行的《笔算数学》。陈省身见了很好奇，拿过来随便翻看，但看不大懂。后来，他在父亲的帮助下，渐渐读懂了这本书，并知道了一些新名词，开阔了眼界。他对数学的兴趣与日俱增，很快读完了《笔算数学》上中下3册，并顺利完成了书后的所有习题。这是陈省身接触数学的开始。

1919年秋，陈省身的祖母觉得他"实在不该不上学了"，于是把他送进县立小学。但他只上了一天学，就再也不肯去学校了，于是又在家里玩了一年。1920年，他直接升入秀州中学。只上过一天小学的陈省身，凭着扎实的功底和后来的刻苦学习，不但能跟上课，而且是班里的尖子生。

1922年，陈省身一家人从浙江嘉兴来到天津。第二年，他进入扶轮中学（现天津铁路一中）学习。当时的顾赞庭校长很看重数学，而且亲自教几何。陈省身后来回忆那段时光时说："我数学学得比较好，当时我是他很满意的一个学生。他很看得起我。"他还说："我念数学不觉得困难，感到特别容易。"但陈省身并不是一个循规蹈矩、老实念书的学生。他的兴趣非常广泛，喜欢去图书馆看些杂书。他喜欢历史、文学等方面的书，常常在阅览室一待就是几个钟头。当然，他也喜欢数学方面的书。许多数学书刊、杂志，他都涉猎过。许多数学家的掌故，他也了如指掌。

陈省身在学习中非常主动。他总是主动地去看书，而不是老师指定要看什么书才去看。读中学时，陈省身连跳两级。15岁时，他就报考了南开大学的理学院，并以第二名的优异成绩被录取。

当时，由于对数学、物理、化学、生物等学科了解得太少，陈省身并不知道自己将来毕业后能做什么。又加上读中学时连跳两级，缺乏应有的学习经验和体会，他对未来的目标更是茫然。一次化学实验课使陈省身在这个问题上有了新看法，那堂课的内容是"吹玻璃管"。别的同学都忙得不亦乐乎，陈省身却拿着玻璃片和酒精灯不知道该怎么办，后来在老师的帮助下，才勉强吹成了。刚吹成的玻璃管太热，他就用冷水去冲洗，结果玻璃管全碎了。这件事使陈省身发现了自己的不足：动手能力太差。于是，他做出了一个至关重要的抉择——放弃物理、化学等实验学科，专攻数学。

在南开大学，陈省身的数学老师是中国第二位数学博士、现代几何学的开山祖师姜立夫。在姜老师的指导下，他在数学王国中自由地遨游，领略到无限美好的风光。1930年，陈省身以优异的成绩从南开大学毕业。当时，清华大学的数学教授孙光远正要招收中国第一名硕士研究生。陈省身抓住这个机会，报考了清华大学。考上清华大学的研究生后，他先做了一段时间的助教，然后才作为硕士研究生正式入学。

1934年，陈省身从清华大学毕业。按照清华的惯例，成绩优秀的毕业生可以公费到美国留学。尽管美国是大多数人向往的地方，但他没有盲目随其他人到美国去。他综合各方面的信息加以分析，最后得出这样的结论：当时世界数学的研究中心在欧洲，几何学研究的中心在德国和法国。陈省身对自己说，出国留学不是去凑热闹，也不是观光旅游，而是去做学问。因此，他果断选择了德国的汉堡大学。在德国，他师从德国著名几何学家布拉施克，取得了丰硕的研究成果。1936年，陈省身又一次做出重大选择——追随几何学家嘉当。跟随嘉当学习期间，他学到了许多受用终身的知识。

后来，陈省身又经过一系列努力，最终成为杰出的数学家。

一生都与书结缘——朱自清

朱自清出生在江苏的一个诗书人家。他自幼就酷爱读书，四五岁时就能有声有色地背诵唐诗、宋词。

转眼间，朱自清上中学了，并且越来越喜欢读书。当时，家里每月给他一些零花钱，让他买些零食什么的。但是，他从来没用这点钱买过零食，都是攒起来买书。离学校不远有一家广益书局，他是那里的常客。

久而久之，书店的老板认识了这个清瘦的小伙子。这一天，他又走进了广益书局。书架上一部浅灰色的《佛学易解》引起了他的注意，他取下来看了几页就被吸引住了。一个小时过去了，他仍然呆呆地站在那里看那本书。“怎么样，想买吗？”书店老板走过来不紧不慢地说。朱自清猛地清醒过来，干脆地回答道：“想！”但转而他又犯难了，老板早看出了他的心思，说：“先拿去看，有钱再付。”朱自清说了声“谢谢”，兴冲冲地携书出了店门。回去之后，他如饥似渴地读这部书，从此对哲学产生了浓厚的兴趣。

后来，朱自清考入北京大学读书，选择的专业就是哲学。不久，他又喜欢上佛学方面的书了。当时，在西郊卧佛寺、鹫峰寺一带，佛经类的书比较多。他曾到寺内买过《百法明门论疏》《因明入正理论疏》《翻译名义集》等。那是一个深秋的下午，街上就朱自清一人，夹着这些书，行色匆匆地走着。他后来回忆这件事时说："这股傻劲颇有意思。"

1920年是朱自清在北京大学读书的最后一年。一天，他到琉璃厂一带逛书店。华洋书庄内一部新版《韦伯斯特大字典》让他流连忘返，他仔细看了一眼定价——14元。按理说，对于这部大辞典来说，这个价格根本不算贵，但对于一个正在念书的学生来说，却不是个小数目。自己手头没这么多钱，但他又不忍心丢开这本好书，前思后想，一定得把它买下来。

当时，朱自清只有一件皮大氅还值点钱。这件大氅是父亲在朱自清结婚时特地为他做的，水獭领，紫貂皮，质量不错。不过，这件大氅是布面，样式有些土气，领子又是用两副"马蹄袖"拼起来的，但毕竟是皮衣，而且在制作的时候，父亲很是费了些心思，东西非常实惠。由于实在舍不得那本"大字典"，朱自清就安慰自己说："先把大氅当了吧，将来肯定能赎回来。"踌躇了许久，他还是将它拿到了当铺。

当铺离学校后门不远，一会儿就到。朱自清兴冲冲地跑到那里，把那件大氅抛给里边的伙计。人家问他要当多少钱，以为他要一个高价。没想到，他仅仅要14元钱。一件紫貂皮大氅当然不止这个价，当铺柜上的伙计一点不为难，即刻就付了款。在朱自清看来，当来的钱能买书就行，其他的根本就没想那么多。拿上钱，朱自清马上回到华洋书庄，把那本《韦伯斯特大字典》买回来。然而，那件饱含父爱的大氅却始终没能赎回来。

大学毕业后，朱自清回到南方教书。那里天气暖和，大氅的事也就淡忘了。后来，他被聘为清华大学中文系教授。北方的冬天很冷，朱自清才又想起了那件大氅，却没有力量缝制一件像样的棉袍。他决定到街上去买一件马夫穿的毡披风。这种披风有两种，一种式样较好且细毛柔软，很贵；一种质地比较粗糙，便宜些。朱自清买不起贵的，便买了后一种。这件毡披风显得过于寒碜，成为大家戏谑的对象，也成了教授生活清贫的标志，后来竟多次出现在朋友回忆朱自清的文章中。

朱自清对这件披风却情有独钟，因为它白天为自己进城上课遮挡风寒，晚间又被铺在床上当褥子。这时，再想起那件不能赎回的大氅，更能让人感到朱自清对于书的痴迷。正是这种痴迷才造就了一代文学大家。

勤奋好学的“发明大王”——爱迪生

爱迪生出生于1847年，小时候的他对什么都很感兴趣，总有问不完的问题。到郊外放风筝，他会问“风筝为什么会在天上飞呀”，到河边钓鱼，他就会问“鱼儿为什么会游啊”。因为爱问问题，爱迪生从小就得了个“小问号”的绰号。

爱迪生不只是好问，对什么还都喜欢亲自试一试。5岁的时候，有一天，爱迪生早饭后就不知道去哪了。父亲急得四处寻找，后来终于在邻居家的库房附近找到了他。父亲看到小爱迪生正神情专注地蹲在一个鸡窝里，就气呼呼地问他：“你在这干什么呢？”小爱迪生神秘地指指屁股下面的一堆鸡蛋说：“我在孵小鸡呢！”父亲听后哭笑不得，一把拉起他说：“你怎么会孵出小鸡呢？”“可是妈妈养的母鸡就是这样孵蛋的啊！”爱迪生不解地问，“为什么母鸡能孵鸡蛋，我不能呢？”

8岁时，爱迪生开始上学了。他总是在课堂上提出莫名其妙的问题，许多问题老师都回答不上来，这让老师很难堪。学校对爱迪生很头痛，后来就对爱迪生的母亲说：“这个孩子智力有问题，可能属于低能儿，他总是提可笑的问题妨碍课堂秩序，还是别让他上学了。”做过小学教师的母亲只好将爱迪生领回家，在家里亲自教他。

爱迪生学习非常勤奋，在母亲的指导下他阅读了大量的书籍，如帕克的

《自然与实验哲学》、吉本的《罗马帝国衰亡史》等。爱迪生尤其喜欢物理和化学，他在家里建立了一个小型的实验室，里边摆满了化学药剂、杠杆、滑轮、小发动机等实验用品。他喜欢做实验来证明书中的道理。广泛地阅读和不断地实践，使爱迪生掌握了丰富的科学文化知识。

11岁以后，为了减轻家里的负担，爱迪生决定自己挣钱来买书和实验用品。他一开始是做报童，每天都去火车上卖报纸。在卖报的空闲时间，爱迪生经常在车上做一些实验。爱迪生做实验十分投入，有一次，他带了一瓶黄磷，火车不停地震动将黄磷打翻了，他却一点也没察觉到。黄磷在车上燃烧起来，吓坏了旅客，列车长气得狠狠地打了他一个耳光，并将他的实验用品全部扔到了窗外。这件事虽然给了爱迪生很大的教训，但他并没有因此停止“科研活动”。

15岁时，有一次爱迪生在车站，看见一个小男孩在铁轨上玩耍。火车疾驰而来，小男孩没有听见，爱迪生飞奔过去，奋不顾身地救了他。后来他才知道这个孩子是站长的儿子。为了感谢爱迪生，站长主动提出教爱迪生电报技术，爱迪生学习很用心，只用了一个月就全部学会了。后来，站长介绍他到当地的电报局当报务员。爱迪生非常珍惜这份工作，干起活来十分卖力。工作期间，他发现电报发送速度非常慢，而且还经常出问题。爱迪生决定发明一种新的发报机。他日夜钻研、反复实验，3个月过去了，新的发报机在他手中诞生了。新发报机发报准确、速度快，得到了人们的认可——这就是著名的二重发报机。后来他又不断改进、完善二重发报机，先后发明了四重、六重发报机。

爱迪生不仅勤奋好学，还乐观自信。他发明灯泡时，因找不到合适的灯丝，实验失败了1200多次。一个商人嘲笑他说：“我看还是算了吧，这样下去，全世界的金属会让你试遍的！”爱迪生哈哈大笑：“我已经有了很大的成就，至少我证明了1200种金属材料都不适合做灯丝。”

爱迪生一生把全部精力都投入到了科学发明事业中，后来他又相继发明了留声机、电话机、调速器、印刷电机、蓄电池、电影等，为人类做出了巨大的贡献，最终成为闻名世界的“发明大王”。

刻苦钻研的“数学王子”——高斯

1777年出生的高斯从小就非常聪明。他的父亲是个小杂货店的账房先生，一次父亲结算几个工人的工资，算了半天终于算出来了。高斯却在一旁说：“爸爸，你算得不对！”父亲奇怪地问：“你怎么知道的？”高斯说：“我帮你算了。”父亲一核对，果然是错了，从此就经常让小高斯帮他算账，这使高斯对数学很感兴趣。从此他每天都帮他的爸爸算账，锻炼自己的算术能力。

8岁的时候，高斯开始在村中的小学读书。当时教他们算术的老师是从城里调来的，他总认为自己在小乡村教书是大材小用，因此总是满腹牢骚，经常对班里的学生发脾气。不过高斯倒是很喜欢听这位老师的课，因为他经常会给他们讲一些书本中没有的数学知识。一天，老师又心情不好了，他拉着脸走进教室，对学生说：“今天不上课了，你们给我算1+2+3+……+100，算不出来的不许回家。”同学们很害怕，都乖乖地低下头来从头开始算，生怕做不出来被老师批评。“老师，我算出来了。”两分钟之后，高斯站起来说。老师很生气，以为这个个头矮小的孩子是在故意捣乱，“好，那你给我说说怎么做的！”高斯大声说：“我发现这100个数一头一尾的两个数加起来都是101，如1+100、2+99，而这样的数共有50组，所以用101乘以50就是最后答案5050。”听了高斯的回答，老师一下愣住了，他想不到这个孩子竟能运用数学家们经过长期研究才发现的“等级数求和”法来算题。从此，这位年轻的老师改变了对乡下孩子的看法，教学也认真了。

老师对高斯格外照顾，经常给高斯一些数学方面的书，让他晚上回家看。然而高斯家里穷，灯油钱也算是一笔不小的开销。为了看书，高斯想了一个办法。他从野外采来一种叫芜菁的植物，在这种植物的块状根中间挖去芯，把油蜡化开当油浇在里边，做成小油灯。这样，他每天晚上便可以借着微弱的灯光看书了。

1788年，高斯以优异的成绩考进了中学，后又升到当时中学最好的班——哲学班学习。高斯每个学期的成绩都名列前茅，这使他的父母在欣慰之余，又有了烦恼，因为升入大学需要很高的学费，而家里的经济条件根本支付不起昂贵的学费。

1791年暑假的一天，高斯拿着课本去安静的野外看书，他一边走一边看，不小心闯进了不伦瑞克公爵费迪南公爵的庄园。当时正在散步的公爵对这个穿着普通的孩子进行了细致地盘问，发现这个孩子反应机敏、对答如流。最让公爵感到奇怪的是，这个孩子年龄不大，却在看十分深奥的数学专著。公爵很喜欢高斯，认为这个孩子日后定能成大器，于是决定资助这个孩子进入大学深造。就这样，在费迪南公爵的资助下，高斯进入了著名的卡罗琳学院读书。高斯很珍惜来之不易的学习机会，他学习非常刻苦。在这里，高斯学会了好几种语言，并精心研读了牛顿、欧勒、拉格朗日等科学家的原著。

4年后，18岁的高斯以优异的成绩考入了哥廷根大学深造。在这段时间中高斯发现了正十七边形尺规作图法；发现了数据拟合中最为有用的最小二乘法；提出了概率论中的正态分布公式，并用高斯曲线形象地予以说明。高斯刻苦钻研，利用所掌握的函数和几何知识，解决了数学界自欧里几得以来许多悬而未解的问题。1798年，高斯进入黑尔姆施泰特大学学习，3年后拿下了博士学位。

毕业后，高斯将自己的全部身心都投入到了数学研究中。他一生共发表理论著作300多篇，提出400多条科学创见，为人类科学事业做出了重大贡献，成为世界科学史上能与阿基米德、牛顿、欧拉相提并论的大数学家，被人们誉为“数学王子”。

利用一切机会进行学习——史蒂芬逊

史蒂芬逊于1781年7月9日出生在英国北部产煤区诺森伯兰的一个小村庄里。父亲是一个普通工人，在村中煤矿的蒸汽机房里烧锅炉。一家人靠着父亲微薄的工资生活，日子过得非常艰苦。

由于家境贫寒，史蒂芬逊到了上学年龄没有进学校读书。8岁的时候，他开始帮别人放牛。每天中午，史蒂芬逊要负责给父亲送饭。对于小史蒂芬逊来说，这应该是一天中最让他感到快乐的事情了。他喜欢听矿上机器的隆隆叫声，喜欢看蒸汽房中不停转动的蒸汽机。每天给父亲送饭时，小史蒂芬逊都要在蒸汽房中停留一段时间。他总爱围着那台庞大的蒸汽机左看右看，他非常想弄明白：为什么它可以自动地转起来，而且力量会那么大？

放牛的时候，小史蒂芬逊也总是在琢磨着煤矿里的蒸汽机。他用田里的泥巴捏成各种机器模型。有一次晚上回家后，他把捏成的蒸汽机模型拿给父亲看。小史蒂芬逊用泥巴做成的这个“小机器”还真像模像样的：有活塞、有气筒，还有飞轮。父亲看了高兴地说：“孩子，你做得真好，快赶上咱们矿上的工程师了。”小史蒂芬逊听后，认真地想了一会儿，对父亲说：“爸爸，我想长大做个工程师，制造出真正能转的机器。”父亲听后沉默了，他知道儿子很聪明，可是要想做工程师不识字怎么能行呢？但家里没钱拿什么供孩子上学啊？

14岁的时候，史蒂芬逊在父亲所在的煤矿做了一名学徒，负责给蒸汽机添煤、擦拭零件。这下能有机会整天看着机器了，史蒂芬逊非常高兴。他每天都守在蒸汽机旁边，仔细观察着它的构造；每当师傅们拆卸机器的时候，他都在一边认真地看；一有机会，他就向师傅们请教有关机械的知识。就这样，聪明好学的史蒂芬逊学到了许多知识。

史蒂芬逊希望自己也有机会安装一台机器。一天，下午下班后，厂长让史蒂芬逊留下来将蒸汽机的零件擦拭一下。蒸汽房里只有他一个人了，史蒂芬逊决定将蒸汽机拆开来看看。开始的时候，他非常激动，两只沾满油污的手不断地颤抖。不过很快，史蒂芬逊便被蒸汽机内精美的构造吸引住了，他忘了周围的一切，专注地研究着机器。看过内部构造后，史蒂芬逊又很快顺利地将蒸汽机安装好了。

从这之后，史蒂芬逊的胆子渐渐大了起来，他对什么机器都要研究一下。有些机器出现问题了，他便动手修理、改进。经过他改进的机器，工作效率都有了很大的提高。

随着技术水平的提高，史蒂芬逊渐渐发现，由于自己没上过学，欠缺必要的科学文化知识，机械运转的好多原理他很难弄清楚。史蒂芬逊下决心学习科学文化知识，于是，他进了一所夜校去读书。当时，史蒂芬逊已经18岁了，每天晚上和七八岁的孩子一起学习基础课程。有人讥笑他是“孩子王”，有人戏称他是“爸爸学生”，但是史蒂芬逊一点也不介意。他白天上班，晚上上课，日子过得很辛苦。凭着不懈努力，史蒂芬逊很快就能独立阅读了。他读了许多机械方面的书籍，整体知识水平有了很大提高。

1803年，史蒂芬逊凭着自己的努力，做了煤矿机械修理工。几年后，因为表现出色，他被提拔为机械师。然而当上工程师后的史蒂芬逊，并没有停留在已取得的成绩上。他总是利用一切学习机会提高自己。

那时候，交通工具还很落后。史蒂芬逊看到运煤工人工作起来那么辛苦，便萌发了一个念头：制造一辆既可以运很多煤又能跑得很快的蒸汽机。他日夜钻研，在前人创造的机车模型的基础上，经过多次试验，终于在1814年制造出了第一台能够实用的蒸汽机车。然而这辆机车并没有得到人们的认可：它只能拖30吨货物，每小时只能走六七千米，走起路来还发出巨大的噪声。许多人都嘲笑这辆机车是一只笨鸭子。但史蒂芬逊并不气馁，他不断地总结经验，不断地改进。

经过11年的艰苦研究，1825年，史蒂芬逊终于研制成了世界上第一台客货运蒸汽机车“旅行号”。1825年9月27日清晨，史蒂芬逊亲自驾驶“旅行号”在世界上第一条铁路——英国的达林敦铁路上举行试车表演。机车牵引着20节满载乘客的车厢和12节装着煤、面粉的车厢从伊库拉因开出，安全到达达林敦车站。当时列车载重共90吨，车上的乘客有450人，机车最高时速达到20～24千米。“旅行号”的试车成功，开辟了陆上运输的新纪元。史蒂芬逊也因此赢得了“火车之父”的美誉。

第五章

在不断学习中提升自己

我们要在这个世界上生存，就必须不断地去学习。只有将那种不满足于现状的心态转化为一种积极探索求知的欲望，经过不断地学习来提升我们的知识，丰富我们的智慧，增长我们的见识，增强我们的各项能力，才能使我们能够面对绝大部分问题时有能力解决。所以，我们为了更好地解决更多问题，使自己比别人显得更优秀，就必须要虚心地学习，不断地学习。

牧童画家——王冕

在王冕7岁的时候，父亲便去世了，因为家庭贫穷，母亲就靠给人家浆洗缝补衣裳挣钱，供他在村上的学堂读书。

几年后，他的母亲实在支撑不住了，便对儿子说："儿啊，你父亲死后，我一个寡妇人家，只靠替人家浆洗缝补挣来的钱，实在不能再供你读书了。"王冕人虽小，却十分体谅母亲的难处。他说："我在学堂里坐着，心里也闷，不如给人放牛，既快活又可以赚回几文钱。假如我想要读书，依然可以带几本去读。"就这样，王冕不再去学堂读书。

第二天，母亲带他到邻村的秦老汉家里。秦老汉牵出一头水牛交给王冕，指着门外不远处说："离这里不远有一个七泖湖，湖边尽是绿草，你把我的牛牵到那里去放。牛吃草，你可以在附近的垂杨柳树下乘凉。每日三餐我管，每月再给你10文小钱，只是你要勤快些。"等王冕要牵着牛出门，母亲送出来，替他理理衣服，嘱咐道："你须要小心，不要让人说不是。放完牛，早些回家。"王冕答应着，母亲含着眼泪回去了。

王冕自此为秦家放牛，每天早出晚归，有时候遇到秦家送些腌鱼腊肉给他，他都舍不得吃，而是带回家递与母亲。每月发的工钱，他从来不用来买零食，而是攒到二三十文，就到卖书籍、文具的小贩那里买几本旧书。每天他把牛拴在水草丰美之地，自己坐在柳荫下读书。

光阴荏苒，转眼间三四年过去了。王冕已经看了许多书，唐诗、宋词不知记了多少。这一天，正值黄梅季节，天气异常闷热，王冕看书也觉得疲倦了，就收好书在绿草地上呆坐着。不一会儿，浓云密布，一阵大雨瓢泼而至。大雨过后，云彩渐渐散去，透出一片日光，照得满湖通红。湖边上的山峦，青一块，紫一块，绿一块，煞是绚丽。杨柳枝都像水洗过一样，是那样清新。湖里的荷花透着水气，格外娇艳，荷叶上水珠滚落。王冕看着美景，心里不由得赞叹："古人说'人在画图中'，真是不错呀。只是这儿没有画工，不然画几朵荷花，该有多好。"他转念想："我为何不自己画上几朵呢？"

从此以后，王冕攒钱不再买书，而是托人到城里买些胭脂铅粉回来。他开始学画荷花。说是学，其实根本没有人教，只是自己摸索。初时他画得不好，但他坚持画下去。3个月后，他画的荷花颜色、形态异常逼真，而且是那么精神，简直就像是湖里长的，又像是刚从湖里摘下来贴在纸上的。乡亲们见他画得如此出色，就拿钱来买，王家的日子渐渐宽裕起来。

又过了几年，王冕不再为秦家放牛，而是每日画几幅画，读些古诗文，且不愁衣食，怡然自得其乐。王冕天性聪明，读书又用心，故不满20岁就积累了许多天文、地理、经史方面的学问。但他不求官爵，亦不交纳朋友，只是读书。他见《楚辞》上峨冠博带的屈原志向高洁，便做了一顶极高的帽子，一件极宽大的衣服。遇到风和日丽的天气，就用一乘牛车载着母亲，他自己戴了高帽，穿着阔衣，各处闲游。人们见他如此不俗，都很羡慕。

王冕是一位画没骨花卉的名家很快传遍了整个诸暨县，县令听说他画得出众，便要他画24幅花卉册页送给上司，以博得上司欢心。王冕慨然允诺，画了24幅花卉交给县令。县令见了大喜，将这些画送给老上司危素。危素是位有些眼力的人，见到这些画，就觉得作画的人不同凡响，打算召见。不料，王冕称病不去。危素不悦，即遣人去寻。王冕听说以后，就打点行装要出门躲避。秦老汉过来劝他，说他太不识时务。王冕却说："知县倚着危素的势，在这里鱼肉小民，无所不为，我誓不与这样的人结交。"于是，他辞别了母亲，到外地去游历。

走出家乡的王冕，到大江南北的许多名山大川、城镇村落游山逛景，访问风土人情，增长了见识，开阔了眼界。他把自己的感悟融入绘画中去，画艺有了很大长进。后来，王冕隐居于九里山的水南村，自号"老龙"，把草堂取名为"耕读轩"，继续过着隐居的生活。

数十年如一日地刻苦学习——宋濂

小时候，宋濂特喜欢读书，可是家里很穷，自己根本买不起书籍，只得向有藏书的人家借书看。宋濂借书有一个特点，就是每次借书时，都跟人家讲好还书的期限，到时归还，从不违约。见他这样守信用，有书的人家都乐意把书借给他。

一般的书，宋濂看过一遍就归还了，但有一次他借到一本很好的书，越读越喜欢，于是决定把它抄下来。可是约定的还书日期马上就到了，怎么办呢？他只能夜以继日地抄写。当时正值隆冬腊月，滴水成冰。砚台里刚刚磨好的墨汁一会儿就结成了冰块，宋濂的手指也冻僵了，但他不断地用嘴哈着笔墨和手指，继续抄书，毫不懈怠。母亲心疼地说："孩子，都半夜了，天气这么寒冷，还是等天亮再抄吧。人家又没有催着要。"宋濂说："不管人家催不催，到了期限就得归还。这是信用问题，也是尊重别人最起码的表现。如果一个人说话做事不讲信用，总是食言，怎么可能得到别人的尊重呢？"

宋濂终于赶在约定期限的前夜将书抄完，并连夜给人家把书送去。借给宋濂书的这位富家子弟十分感动，又主动提供了许多书籍让他拿回去看。这样，宋濂才得以遍观群书。

20岁以后的宋濂求知欲更加强烈。他觉得自己虽然读了很多书，但由于没有名师指点，对许多问题仍然是一知半解。为了解决这些疑难问题，他经常徒步跋涉到离家100多里的地方，向有名望的老前辈请教。

有一年冬天，宋濂向一位著名儒学大师请教，并事先约好了见面日期。可是他出发的那天，偏偏下起了鹅毛大雪。宋濂面对纷纷扬扬的大雪，眉头也不皱，依然打点行装，准备上路。母亲说："这样的天气哪能出远门呀？再说，去老师那里的道路早已被大雪封住。你的旧棉袄，怎么抵挡深山的严寒啊！”宋濂说：“如果今天不去，我就要失约了；失约是对老师不尊重。”说完，他就冒着大雪出门了。

宋濂踏着一尺多厚的积雪，顶着凛冽的寒风，历尽艰辛，到晌午时分终于赶到那位老前辈那里。这位老前辈是威望极高的儒学大家，想要向他讨教问题的青年学子早已挤满一屋子。他对待学生的态度又极为严厉，学生稍有不慎，就会遭到他的呵斥。宋濂毕恭毕敬地站在旁边等候。好不容易轮到自己，他便小心翼翼地提出疑问，然后躬身施礼，等待解答。没想到老前辈眉头一皱，十分不耐烦地说道：“你是怎么做学问的，难道连这样的问题都不懂吗？”宋濂刚开始吓一跳，继而愈加礼貌周到，颜色愈加和悦。等到这位老前辈变得心平气和了，宋濂才又一次提出问题，请求老前辈讲解。正因为宋濂如此谦恭谨慎、虚心好学，那位老前辈才传授给他不少心得。

那位老前辈看着宋濂身上的冰花和鞋上的积雪，很是惊讶。当得知宋濂是从百里之外赶来请教问题时，他便当众夸奖道：“年轻人，守信好学，将来必有出息！”后来，随着宋濂学识的增长，这位老学者已经不能够传授给他更多的学问了，就给宋濂推荐了另外一位更高深的学者。

宋濂对这位老前辈千恩万谢，之后带着老前辈的亲笔信去更远的地方寻访那位学者。当时是数九寒天，大地冻得像一个冰坨。宋濂却穿着草鞋，背着简单的行李上路了。他顶风冒雪，爬上高耸入云的大山，穿过幽深的巨谷，艰难地向学者住的地方跋涉。两只脚冻得裂开无数道皲口，他也不觉得疼痛。等他赶到客店的时候，四肢都冻僵了。客店的伙计用温水给他擦洗，然后盖上被子。过了很久，宋濂才暖和过来。

求学期间，宋濂每天吃的是粗食淡饭，穿的是露着棉絮的破旧棉衣，他把全部精力都集中在学习上，根本没有闲暇考虑吃穿之类的享受。宋濂数十年如一日地刻苦学习，终于成为学贯古今的大学问家。

虽然聪明，但仍坚持学习——刘晏

刘晏自幼就非常聪明，特喜欢看书，于是小小年纪就能写出非常优秀的文章来。725年的一天，唐玄宗李隆基率领文武群臣到泰山封禅，借以夸耀自己的文治武功。车驾行至兖州时，年仅10岁的刘晏赶到行宫，声称要向皇上献上一篇颂赋。唐玄宗听说一个小童要献赋，感觉很新鲜，就答应见他。

只见小刘晏缓步走进大帐，轻轻跪伏在地，认真地打开自己写的《东封书》，用那带着稚气的童声朗朗诵读："英明的主上，封禅于泰山，为天下百姓祈福，开元盛世，仁德布于天下，众望所归，人心所向……"其情楚楚动人，其声脆如黄莺，竟没有一点畏惧之感。玄宗皇帝高兴地看着刘晏，听着娓娓颂德之声，惊讶地说："10岁的小孩，竟然能够写出这样的颂词，可见我大唐天下，真是人才济济啊！"可是他转念一想，这样小的孩子，竟有如此好的文采，是不是有人事先为他写好颂词，然后让他在这里卖弄？想到这里，唐玄宗命宰相张说亲自考查刘晏的才学，以鉴别真伪。

张说是当时的文士领袖，极有才华。他听皇上吩咐，不敢怠慢，当面出题，要考考小刘晏的才华："你看过围棋对弈吗？"刘晏一脸天真，自信地说："观弈、对弈都可以。"张说笑着说："以'方''圆''动''静'为首对赋怎么样？"刘晏毫不含糊："请吧！"文武百官看刘晏要和宰相张说对赋，都来了兴致，玄宗皇帝也高兴地看着他们如何对赋。

张说略一思索，说："方若棋局，圆若棋子。动若棋生，静若棋死。"刘晏小脑袋一晃，立即作答："方若行义，圆若用智。动若骋才，静若得意。"众大臣一听，连声夸赞："奇才！难得的奇才！"张说见刘晏果然才华出众，于是认定《东封书》是他写的，并立即向玄宗禀报，说："这真是国家未来的栋梁之材啊！”然后又向玄宗举荐道：“我以为，陛下应该为刘晏授予官职。”唐玄宗允诺，笑着问刘晏：“你想当什么官啊？”刘晏一脸稚气，指着张说回答：“跟他一样，当宰相！”玄宗哈哈一笑，说：“容我日后再任命你为宰相，现在先当正字吧！”

这样，年仅10岁的刘晏就当上了秘书省的正字，任务是校对皇家藏书中的一些错误。官虽不是很大，但却是皇帝直接任命的，这无疑给聪明好学的刘晏极大的鼓舞和鞭策。刘晏才10岁就成为朝廷官员，被视为一大奇闻。人们奔走相告：“秘书省来了个神童。”

没过多久，宰相张说到秘书省来探望刘晏，一见面，就问：“秘书正字，你任职以来总共正了多少字？”刘晏一本正经地回答：“天下字皆正，只有‘朋’字还没有正。”张说听了，又惊又喜，夸赞说：“答得好！”原来，“朋”字古时候写作“凤”字，篆书写法是歪的；楷书中的“朋”由两个“月”字组成，也是歪向一边的。而且，当时唐朝的官员朋比为奸的现象很严重。刘晏的回答一语双关，实在是绝妙。

唐玄宗听说这件事后，更加喜欢这个小神童，时常带他到后宫玩耍。杨贵妃见了，还把他抱在膝上，给他梳头，有时带他一同去看舞蹈表演。有一次，著名的杂技艺人王大娘正在表演“戴竿”的节目。只见她肩上扛着一根很长的竹竿，竿头上有一个瀛洲仙岛的模型，一个小孩手持五彩棒在“仙岛”上载歌载舞。杨贵妃看了，非常满意，就对刘晏说：“能否吟诵王大娘的竹竿？”刘晏即刻吟出一首《咏王大娘戴竿》：“楼前百戏竞争新，惟有长竿妙入神。谁得绮罗翻有力，犹自嫌轻更着人！”唐玄宗和杨贵妃连连夸赞，并当场赐给他一支象牙笏和一件黄绫袍，以示勉励。

自此，刘晏的“神童”之名愈传愈远。京城的王公贵族听说后，纷纷前来探视，有的是来测试他有没有真正的学问，有的是来恭维。刘晏虽然年纪小，但有自知之明。他知道，自己虽然聪明，但知道的东西还很少。于是，他利用在秘书省当差的机会，大量阅读皇家藏书，增长各方面（尤其是经邦济世之学）的学问，从而为以后成才打下了坚实的基础。

勤求古训，博览群书——张仲景

张仲景从小天资聪颖，勤奋好学。启蒙之后，他不仅学习一般的儒家经典著作，还喜欢博览群书。他对读前人留下来的医学著作（如《黄帝内经》）情有独钟。当时，他家乡一带瘟疫流行，许多人因为缺医少药，被瘟疫夺去了生命。张仲景见此情景，非常伤感，心里常想："我要是个出色的医生，能把这些人的病治好该多好啊！"

张仲景的同族亲戚张伯祖是当地的名医，瘟疫流行之时，经常到附近各个地方给人治病。对此，张仲景很是羡慕。有一次，邻村一位老大爷患了伤寒病，家人来请张伯祖去医治，正巧张仲景也在张伯祖家里，张伯祖就带着他一起去诊治这个病人。张仲景看到这个人病得很重，心里为张伯祖捏了一把汗。可是经过用药，患者很快痊愈。张仲景亲眼看到张伯祖高超的医术，赞叹不已。他十分羡慕地问："你的医道这么高明，是从哪里学来的？"张伯祖听了笑着说："我行医多年，没有什么经验，只是悟出一个道理，那就是：要想成为一个出色的医生，就要勤求古训，博采众方。"张仲景把"勤求古训，博采众方"这句话深深地埋在心里。之后，他问张伯祖能否收他做徒弟。张伯祖知道他聪明好学，人品又佳，就爽快地答应下来。

自从拜师之后，张仲景把全部精力都用在钻研医药、精究方术上面，他下定决心要做一个能"上以疗君亲之疾，下以救贫贱之厄，中以保身长全"的出色医生。有时候，他跟着张伯祖外出给人治病。在这个过程中，他注意观察病人的症状和气色，研究各种疾病症状与药理的关系。有时候，张仲景在家里钻研各种医学典籍，思考书本上的医学理论和临床医疗实践是否相符。随着临床经验的丰富，他对于医药理论的理解也进一步加深。有时候，张仲景晚上睡觉时想到一个问题，就赶忙记下来，第二天一大早，他就跑到师傅那里请教。张伯祖见他如此虚心好学，就把自己掌握的医术尽数传授给他。这样，日复一日，年复一年，三年的光阴很快就过去了。张仲景不仅丰富了自己的临床经验，在师傅的指导下读完了《黄帝内经》《难经》等医学书籍，还搜集了许多民间治病的偏方。张伯祖逐渐发现，张仲景的医术不在自己之下，甚至在许多地方超过了自己。有一天，他对张仲景说："我已经不能再教给你什么了，现在你的医术在我之上，如果你还想进步，只能自己摸索了。"听完这番话，张仲景说："师傅给予我的已经够多了，师傅的恩德徒儿永不会忘记，徒儿要把师傅的事业发扬光大。"从此以后，张仲景自立门户，各处行医。

张仲景出师不久，就因为他医术精湛，医德高尚，受到人们的广泛赞誉。有一次，张仲景拜访同郡一位高士何颙。何颙和他交谈以后，发现他意志坚定，志存高远，就说："你如此热爱医学，又不乏天赋，而且勤奋有加，将来不论做官还是写诗词文章，都不一定能有多大成就。但是，你成为一名出色的医生肯定绰绰有余。"张仲景微笑着说："我平生的志愿就是进则救世，退则救民，不能为良相，亦当为良医。"

人们对立志救世救民的张仲景钦佩不已。尽管张仲景医术高明，远近闻名，但他从来不满足于已有的知识，只要听到哪里有名医或者治病的好药方，总是不辞劳苦地赶去求教，生怕错过了机会。

有一次，张仲景的一个好友宁远到他家中下棋闲聊。谈兴正浓之时，张仲景却突然说宁远气色不对，并为他仔细诊了脉，说他患了消渴之症，6个月后会饥渴难忍，小便浓稠，一年之后将不治而死。6个月后，张仲景的话果然应验，但宁远已经无药可治。

张仲景在行医过程中，不仅潜心学习汉代以前的医学精华，而且虚心向同时代的名医学习，博采众家之长。他向"王神仙"求医的传说在民间广为流传。

张仲景听说当时襄阳有个很有名的王姓外科医生，治疗疮痈很有一套，人称"王神仙"，于是就整装出发。为了学到本领，他隐姓化名，自愿给

“王神仙”做药店伙计。他的勤奋聪明很快就赢得了“王神仙”的欣赏和信任。有一次，“王神仙”给一个患急病的病人看病，所配的药方里有一味药剂量不够。张仲景觉得有问题，但还是照方抓药。结果，病人病情加重，“王神仙”束手无策。张仲景挺身而出，自告奋勇一展身手，果然手到病除。“王神仙”很吃惊地看着眼前这位年轻人，知道他大有来历，一问才知他是河南名医。“王神仙”深受感动，遂将其技艺倾囊相授。

几年之后，张仲景的医术果然又有很大的长进，但他仍然兢兢业业地学习各种医术。他还广泛地搜求各种医学古籍和临床经验，终于撰成了不朽的医药学著作《伤寒杂病论》。

乐坛里的“拼命三郎”——聂耳

聂耳的父亲逝世得早，留下一个药铺，由母亲独自支撑。聂耳的母亲多才多艺，不仅能够切脉拿药，还会唱各种民歌。受母亲的影响，聂耳从小迷上了音乐。当地流传的洞经调、洋琴调和花灯调等民间乐曲，聂耳经常哼唱，而且哼得有板有眼。

对于穷人来说，生计是最重要的。尽管聂耳喜欢唱歌，但为了糊口，他不得不割舍心爱的音乐，在上海的“申庄”采购站做了一名稽查员。不料，申庄没多久就倒闭了，聂耳因此失业。

好在天无绝人之路，他无意之中看到了联华影业公司音乐歌舞学校的招生启事。启事中说，凡被录取的学员每月能拿到10元的津贴，校方还管食宿。这对于聂耳的吸引力太大了。他抱着试试看的心态走进考场，结果一下子就考上了，并由此开始了自己的艺术生涯。不久，聂耳进入明月歌舞剧社，做了一名小提琴练习生。当时的明月歌舞剧社阵容虽然不大，但拥有上海著名的“歌舞四大天王”——王人美、胡笳、白丽珠、薛玲仙，以及影帝金焰等明星。在这些人的影响下，聂耳成长得很快。

当时，聂耳住在一间七八个人同住的狭小宿舍里。他练琴时必须站在墙角才能不妨碍别人，但他始终如一地坚持练习。不久，他帮助张庚侯、廖伯民等人在上海代租电影拷贝，得到了100元报酬。聂耳平生第一次拥有这么多钱，他的心激动地要跳出来。他先跑到邮局给母亲寄去一半，剩下的才留给自己。他用这点钱买了把小提琴和两本乐谱。

有了属于自己的小提琴，聂耳练得更刻苦了。他还拜王人艺为老师，虚心地向他请教弹奏的技法。王人艺人很随和，但教琴却一丝不苟，对聂耳的要求非常严格。人们经常看到他们二人在那里认真地矫正指法。当时的聂耳刚学拉琴，连乐谱还看不懂，根本不懂什么对位、和声，经常拉得错误百出。“错了”，“又错了”，王人艺一遍又一遍提醒聂耳。有时候，王人艺还大声地批评聂耳不够用心。聂耳知道自己碰上了好老师，反复叮嘱自己“一定要学会”。那时候，剧社里的同行吃罢晚饭，都喜欢去逛“四马路”，或到“大世界”看杂耍，唯独聂耳哪儿也不去，默默地躲进房间练琴。他给自己定下了雷打不动的练习指标：一天要“恶补”7个小时的琴。

同行们知道了聂耳的计划后，都钦佩地叫他“拼命三郎”。聂耳除了练琴之外，还有繁重的工作。当时的制片商出于节省成本的考虑，经常把电影和戏剧裹挟在一起。一套演员班底，一会儿在舞台上演话剧，一会儿又聚在水银灯下演电影。拉小提琴的聂耳，需要时不时地上场扮个小贩或者黑人矿工的角色。他非常善于模仿，演什么像什么。

繁重的工作和学习，没有改变聂耳活泼天真的个性。19岁的他成为人所共知的孩子王，身边总是围着一群小演员。聂耳喜欢与孩子们一起做游戏。输了，孩子们就起哄，聂耳便耸动着两只大耳朵逗他们乐。孩子们还不满足，就大声嚷嚷：“耳朵先生，再来一个嘛！”聂耳只好又“秀”一下。久而久之，他便得了个“耳朵先生”的绰号。

“一·二八”事变以后，上海的白色恐怖日益严重。中共中央提出在文艺界发展党员，积极活跃的聂耳被列为首批发展对象。负责对他进行培养的人是上海左翼剧团联盟的负责人田汉，后来聂耳的入党介绍人也是田汉。田汉对聂耳早期的思想和生活影响很大。在田汉的眼里，聂耳最初只是一个追求革命的贫苦学生。他们的阅历、资历以及性格有极大的差异，但这丝毫没有妨碍他们在音乐创作领域中的密切合作。从1933年到1935年，田汉作词，聂耳作曲，共同创作了《码头工人》等一大批革命歌曲。

1935年，电影《风云儿女》的剧本刚完稿，编剧田汉就被捕了。聂耳见到导演夏衍时说："《风云儿女》谁来作曲？"但紧接着又说道："我来写吧，田汉会同意的。"狱中的田汉果然同意聂耳的请求。不久，聂耳完成了该部电影主题歌《义勇军进行曲》的作曲。这首歌曲是聂耳的巅峰之作，后来成为中华人民共和国的国歌。

对自己的表演技艺要求精益求精——梅兰芳

1894年梅兰芳生于北京，他与程砚秋、尚小云、荀慧生并称"四大名旦"，梅居其首。新中国成立后，他当选为全国文联、剧协的副主席，并担任中国戏剧研究院院长等职，为中国戏剧事业的繁荣与发展做了大量的卓有成效的工作。

梅兰芳是著名的京剧表演艺术家。他小时候学习非常刻苦，眼睛有轻度的近视，眼珠转动也不是很灵活，有时候还迎风流泪。但是，运用眼神顾盼传情是戏曲演员表情达意的重要手段。因此，梅兰芳经常为自己演出时眼神不好而忧心忡忡。

后来，他听友人说养鸽子有利于锻炼身心，就试着养了几对。从此，每天清早，他就起床去给它们喂食，然后放飞。鸽子愈飞愈高，愈飞愈远，梅兰芳就站在鸽棚旁，眼睛随着鸽子的飞动而转动，尽力追踪愈飞愈远的鸽群，直至鸽子消失在天际。几个月下来，梅兰芳的视力大有长进，不知不觉地眼珠转起来也更灵活了，近视的毛病也没有了。梅兰芳从此以后更加喜欢养鸽子了，他的鸽子由开始的数对渐渐增加到300余只。

除了养鸽子，梅兰芳还养花，他主要养牵牛花。牵牛花色彩鲜艳，千变万化，让人目不暇接。一天，他在欣赏牵牛花时，猛然联想到自己在演出时头上戴的翠花、身上穿的行头。因为它们要搭配颜色，这向来是个相当繁杂的课题，而牵牛花千变万化的色彩告诉梅兰芳，哪几种颜色配合起来鲜艳夺目，哪几种颜色配合起来素雅大方，哪几种颜色不能搭配。

从此，梅兰芳迷上了种牵牛花。他不仅在住宅庭院里栽种，精心养护，还读了许多关于牵牛花的书籍。他家院子里的牵牛花越来越多，他演出时头上戴的翠花、身上穿的行头的色彩也越来越多，搭配得也更为得体，观众们所见到的梅兰芳饰演的角色也更加绚丽多姿。

在努力提高舞台表演技巧的同时，梅兰芳还十分注意提高自己的艺术修养。因此，他特意学习绘画，还对同行们说："从事戏曲表演的人要学习绘画，这样能够提高自己的艺术修养，改变自己的气质。我们应从画中吸取养料，把它运用到表演中去。"为了学好绘画，梅兰芳拜著名画家齐白石、丰子恺、陈师曾、吴昌硕、刘海粟等人为师，并且非常尊重他们。

有一次，友人宴请宾客。在场的宾客多为达官显贵，只有齐白石一个人衣着俭朴，显得有些寒酸，因此被众人冷落。不一会儿，主人满面春风地携着梅兰芳走进客厅。满座宾客一见梅先生，都争先恐后地与他握手。梅兰芳正在与众人寒暄之际，突然瞥见齐白石孤零零地坐在角落里，立即挤出人群向他走去，恭敬地叫了一声："老师！"之后便与齐白石先生攀谈了起来。

这使在座者大受感动，人们无不钦佩梅兰芳高尚的德行。齐白石特地画了一幅《雪中送炭图》赠给梅兰芳。还有一次，梅兰芳在一个堂会上演出，发现身着布衣粗服的齐白石坐在后排，就亲自把他搀到前排。众人不理解，梅兰芳大声地解释说："这是名画家齐白石先生，我的老师！"

梅兰芳为了提高自己的表演水平，想尽一切办法。最初，他对自己表现女人吃惊时的情态很不满意，尽管多次揣摩，反复试验，还是不能将其恰如其分地表现出来。

一天，他回到家中，看到妻子正在认真地整理衣服。他灵机一动，顺手抄起身旁的兰花瓷盆，狠狠地摔在地上。“咣当”一声巨响，妻子被吓得惊叫一声“哎呀！”情急之下竟将手中的衣服掷出老远，半晌没说出话来。梅兰芳在那一瞬间准确地捕捉了妻子的神情和动作。之后，他据此反复琢磨、练习，将女人受到惊吓时的那种张皇失措的神态，巧妙融进有关的戏曲表演中，将剧中人物刻画得更加活灵活现。

梅兰芳对自己的表演技艺要求精益求精，经常说：“说我不好的人，才是我的老师。”有一次，他刚演完自己的拿手好戏《杀惜》，却发现后排的一位老先生连连摇头。散场以后，他找到老人，恭敬地说：“说我不好的人，才是我的老师。先生必有高明的见解，请赐教。”这位老先生见梅兰芳如此诚恳，便说：“剧中人阎惜姣上楼与下楼的台步按规矩都是七上八下，你为何演成八上八下？”梅兰芳恍然大悟，深感自己的疏忽，连声称谢。

后来，梅兰芳每到该地演出，必然请这位老先生前排就座，看戏指教，梅兰芳总是能够虚心接受他的意见和建议。经过长时间的虚心求教、刻苦磨炼，梅兰芳的演技达到炉火纯青的地步。

坚持学习，心系教育——叶圣陶

1894年10月28日，叶圣陶出生在江苏苏州悬桥巷，圣陶是他的笔名，原名是绍钧。其父在地主家做账房，家境清苦。叶圣陶3岁开始描红识字，6岁时认字三千，入私塾，由一位黄姓老师发蒙。先读《三字经》《千字文》，续接《四书》《五经》。这些都要熟读背诵，并不断温习旧书，称作“理书”。他天生聪颖，且勤奋，从未受到过先生戒尺的惩罚。

八九岁时，叶圣陶开笔，首篇作文题目是《登高自卑说》，80余字，得双圈嘉奖。爱好抄书抄诗，习篆刻。1905年，叶圣陶参加了贡院考试，未中。是年，科举制度寿终正寝，他的秀才梦破。1906年，2岁的叶圣陶进入苏州城第一所公立小学堂读书。

读小学堂时，叶圣陶发现了课外自读的乐趣。据他后来回忆说：“我对于文艺发生兴趣，现在回想起来，应该追溯到十二三岁的时候，在家里发现了一部《唐诗三百首》和一部《白香词谱》。拿到手中，就自己翻看；对于《三百首》中的乐府和绝句，《词谱》中的小令和中调，特别觉得新鲜有味……”

叶圣陶学习非常刻苦，小学只读了一年，他便跳级考入苏州公立中学（即草桥中学）。1912年1月28日，青年叶圣陶从读了5年书的苏州草桥中学毕业了，那时他18岁。毕业了，却无法接着上学，家贫父老，他必须立刻谋职挣钱以解决全家温饱问题。于是，叶圣陶到苏州的一所小学教二年级，月薪20个银圆。但是他的教绩却不怎么样，这让他痛苦万分，竟至“见诸学生如见鬼魔”，“视彼制鞋人（鞋匠），羡之不已，效之无才，复自叹耳”的地步。后来，叶圣陶被排挤出校门，失业一年。

失业期间，叶圣陶从未灰心，而是继续刻苦攻读，同时进行一些文学创作。后经老同学郭邵虞介绍，他到上海尚公学校（小学）教书，课余兼职，为商务印书馆编辑小学语文课本，这是1915年秋天的事情。

1917年春天，叶圣陶应邀去苏州第五高等小学任教，那里四面环水，在苏州东南36里处的角直镇，简称“角直五高”。他在这里工作了4年多。

在角直的4年多，是叶圣陶教育活动的关键时期。他和吴宾、王伯祥等人一起，对学校进行了深刻的变革。他们自己编印各种新教材，创办农场、书店、博览室，建筑礼堂、戏台、音乐室，举行师生同乐会、恳亲会，指导学生排练戏剧，组织学生远足，创造了一个充满时代气息和生活情趣的学校环境。同时，叶圣陶先生时刻关注窗外的世界，积极参加各种社会活动。他和朋友们一起成立了角直镇教育会，研究社区的教育改革问题，他参加了北京大学学生组织的新潮社，他与郑振铎、茅盾等人组织发起了文学研究会。在这个时期，叶圣陶发表了一系列关于小学教育的文章，如《今日中国的小学教育》《对于小学作文教授之意见》《小学教育的改造》等。

一个“见诸学生如见鬼魔”的教绩极差的人，经过自己的努力，凭借着丰富的教育实践经验和教育理论知识，终身投入到中国的教育事业当中。

教书之余，叶圣陶还从事一些文学创作。在角直期间，他一共写了二十几篇小说，如《春游》《苦菜》《隔膜》《阿凤》等，还编辑了我国第一个新诗刊物《诗》。角直给予了他极其丰富的生活滋养。他离开角直后写的不少小说，也都是以角直作为背景，或以角直的人物作为原型的。他的成名作、长篇小说《倪焕之》，不仅人物、情节不少出自角直，就是书中写到了“高高挺立的银杏树”，据说也是角直五高校园里的那棵银杏树，《多收了三五斗》中的万盛米行也是以角直镇上的万盛米行为其原型的。可见角直对叶圣陶小说的影响之深。

叶圣陶从小就养成了勤奋刻苦，面对困难不低头的良好习惯。并在长期的生活实践中得出了养成习惯贵在躬行实践的结论。

叶圣陶非常强调在习惯养成中的身体力行。他认为，要养成某种好习惯，要随时随地加以注意，躬行实践，才能收到相当的效果。

叶圣陶指出，教育的目的也是培养习惯，增强能力：“我们在学校里受教育，目的在养成习惯，增强能力。我们离开了学校，仍然要从多方面受教育，并且要自我教育，其目的还是在养成习惯，增强能力。习惯越自然越好，能力越增强越好”。叶圣陶认为，良好的习惯对人生的影响是十分巨大的，并用日常生活中的某些习惯的养成来说明不养成什么习惯的害处。他说“坐要端正，站要挺直，每天要洗脸漱口，每事要有头有尾，这些都是一个人的起码习惯。有了这些习惯，身体和精神就能保持起码的健康，但这些习惯不是短时间内就形成的，要逐渐养成。在没有养成的时候，多少需要一些强制功夫，自己得随时警觉，直到‘习惯成自然’，就成为终身受用的习惯。可是如果在先没有强制与警觉，今天东、明天西，今儿这样，明儿又那样，就可能什么习惯也养不成。久而久之，这就成为一种习惯，牢牢地在身上生了根。这就是不养成什么习惯的习惯，最要不得。”

叶圣陶是个寡言的人。大家聚谈的时候，他总是坐在旁边听着。和别人单独相处的时候，自然多少要说些话，但他是从来不参与辩论的。一旦他觉得辩论要开始了，往往微笑着说：“这个弄不大清楚了。”他还是个极平易的人，轻易看不见他的怒色。而他的这种平易是出于天性的，并非阅历世故，矫揉造作而成。

从1921年起，叶圣陶先后到上海、杭州、北京等地中学和大学任教。1923年起从事编辑出版工作，曾任商务印书馆、开明书店编辑，主编过《文学周报》《小说月报》《中学生》等多种重要刊物，发现、培养和举荐过巴金、丁玲、戴望舒等作家。他还出版了不少诗集、评论集和论著，编辑过几十种中小学语文教科书。

经过自己不懈努力，叶圣陶终于成为中国著名的作家、教育家。

潜心自学，刻苦成才——王力

王力1900年出生于广西博白县，是中国现代语言学奠基人之一，杰出的语言学家、教育家、翻译家、散文家和诗人。

王力14岁高小毕业，因家里穷，不能升初中，只好在家自学。他非常勤奋，自学时全神贯注，浑忘昏昼。

有一次，母亲送一小碟饺子到小书房给王力吃，嘱咐说：“你趁热吃了吧！”王力双眼盯在书本上，“哦”了一声。母亲以为他听见了，便出了书房。三天后，母亲来到书房，见那饺子原封未动，便说："给你送来的饺子，你为什么不吃？你看都发霉了！"王力这才看到饺子，说："阿娘，你什么时候送来的？我真不知道！"母亲不禁叹气，端着饺子出去了。

一些村民希望王力能教教自己的孩子，于是王力在家中办起了私塾。他教私塾，不要学生死读硬背，而是把课文的文意词义都讲得清清楚楚，很受学生欢迎。城里有个乡绅听说王力教书教得很好，专程去听王力讲课。听后，他连连赞赏："想不到这后生如此多才。"然后对王力说："你到我们村里去教书好吗？"王力答应了。1920年，王力到大车坪当家塾教师。

大车坪村山岭环绕，沟壑清泉。王力觉得这里十分清静，是个读书的好处所。没想到，在这个静僻的山村，他竟然发现了足以影响他一生的宝藏。

一天，他到一位学生家走访，在这个极为普通的家庭里，发现了14个装满书籍的大木箱。箱面灰尘很厚，看来多年未曾打开过。王力一箱箱打开，不禁震惊了：箱中经史子集齐全，天文地理医卜星相并陈。原来，这些书是那位农民的祖先留下的，他的后辈无人读书，这14箱书籍静静地摆放在家里好多年了。王力大喜，迫不及待地开口借书，那家长一口答应："你想看就带回去看吧！"王力连连谢过主人，请了挑夫，把书运回了岐山坡。这14箱书是注入到他血液中的精神营养，他懂得了什么是学问和如何做学问，从而使他找到一条笃学、慎思、明辨的治学之路。王力后来说，这是他人生旅程中的一大转折。

1924年，王力决心去大学深造。几位好心的老师为他凑了一些盘缠，他带着这14箱书籍，来到上海。在上海还没读完大学，就去报考清华大学的国学研究生班，在那里经历了一次奇特的考试：全部试题，要回答四个"100"：100个古人名，以及他们所处的朝代和主要著作；100个古地名，以及现在是什么地方；100部古书，以及各书的作者；100句诗词，以及出自哪一首诗词。王力潜心自学了10年，博古通今，这种考试难不倒他，他很顺利地考上了。

王力从一个高小毕业生，一跃上了大学；大学未毕业，再一跃成了研究生。他曾说："如果说发现14箱书，是我治学的转折，使我懂得了什么是学问，那么，研究院的一年，就是我的第二个转折点。有了名师的指点，我懂得了到底应该怎么做学问。”清华研究院一年的学习，决定了他一生治学的道路。

通过学习从平凡迈向卓越——窦铁成

已经闻名遐迩的窦铁成，当初是从农村被招工到中国中铁一局电务公司当上电力工的，他通过勤奋自学和刻苦钻研，成为技能出众、理论功底扎实的知识型高级技师。

窦铁成本来文化基础很薄，他下决心靠勤奋学习提升自己。他极度珍惜刚参加工作时为期7个月的基础培训，到了节假日，其他学员都出去探亲访友，唯独窦铁成一个人闷在教室里默默苦读。结业时，他拿了电力单科考试的最高分，以优异的成绩考取了局电力技术培训班。仅仅用了一年时间，窦铁成已经成了一名技术熟练的电力工人。窦铁成常说：“我没有文凭。但我不能没有知识！”“没有知识。就会被人瞧不起，更谈不上养家立业。”

为了多掌握技能，窦铁成自学了《钣金工艺》《钳工技术》《机械制图》等与电力相关的专业书籍。之后，又自学了与电力相关的很多大学专业书籍。在攻读《高等数学》《电磁学》《电子技术》《电机学》等专业书籍中，他不知度过了多少不眠之夜。只有初中功底的他，要读懂弄通大学课程，其艰辛可想而知。为了记住一个稍复杂的公式，他就写在纸上，贴在床头上，放在枕头边上，抄在笔记本上，整天着了魔似的反复背诵，直到熟记于心；为了理解一个公式，他经常求教于比他年龄小二十几岁的大学生。

窦铁成陆续花了上万元买了几千册书，积攒了三大箱子。工作流动到哪里，书就跟着搬到哪里。其他东西可以丢，但那三箱子书却是至宝。工友们打趣道："老窦把书搁在跟前，把老婆撂在一边！"

计算机刚进企业时，窦铁成就请求财务人员锁好保险柜，允许他每晚进到财务室去学电脑。那时他已40多岁，从学拼音、练打字开始，逐渐学会WORD、CAD制图等软件的应用。经过一个个不眠之夜的磨砺，窦铁成终于学会了用电脑设计绘制各种电力技术图纸，成为中铁一局3万名工人中掌握电脑绘图的第一人。2001年，在西南铁路线电力施工时，有次遇到变压器环流故障，他将数据输入电脑分析，立刻找出了问题症结。设计院一位专家非常惊讶地问他："你怎么能用电脑分析出来？"他笑道："刚学会的。"

窦铁成有记笔记的习惯，新知识、难点、体会，他都记。2004年，窦铁成作为中铁集团30万工人的唯一代表，与多名中央企业的厂长、经理参加了国资委组织的远赴比利时、法国、德国等国的学习。20天的学习结束，他写下了80多页的学习笔记，留下了完整的录音、录像资料。几十年下来，他的笔记本就攒了60多本、达100万字，而且每一本上的字迹都工工整整。

窦铁成的心得是："再难的知识，只要一点点啃。一点点琢磨、分析，总能悟出个道道来。""在工作中遇到问题。就是学习的最佳时机。在实际工作中带着问题学，不仅能解决问题，还能弄清背后的原理，让知识更加牢固，更加实用。"

常做一个有"心"人——王德明

31岁的王德明从部队转业到郑州铁路局洛阳车辆段洛东列检所，成为了一名普通的检车员。

在部队一向表现优秀的他，第一次检车就发现自己即使有师傅在，也还是"根本听不出什么名堂"，这让他感到颇为受挫。

于是，他自己想方设法找来各种业务书籍，边学边做笔记、做记忆卡片，把技术标准、作业程序和结构原理随身携带，规定自己每天背10道题，拆装各种配件，每天数次练习检车员基本的“形体动作”。一年后，他就取得了业务测试的第一名。

在铁路系统实施大面积全面提速的时期，最危及提速列车安全的隐患就是滚动轴承内部故障，对这种故障，即使有丰富的技巧和经验，从表面也很难发现。

王德明下决心找到解决的办法，处处留心、时时琢磨。

一次看病时，医生手中的听诊器给了他为车辆听诊的灵感。他自己买了个听诊器，回去反复试验，果然磙子的声音清晰了很多；他还给自己备了个放大镜，以便仔细检查那些难以分辨的细微裂纹。

正是听诊器和放大镜帮助他排除了多次重大的事故。一次，他在接货物列车时，被一阵异响引起了警惕。他记下了可疑车辆的位数，用专用工具顶起可疑轮，一边转一边用听诊器听，结果非常严重：轴承滚道已经剥离得不能滚动，保持架已经破碎了十几处！这个关键的诊断避免了可能发生的重大事故。

10多年来，他通过精心的观察和检测，共防止各类车辆事故隐患百余件，取得了8万余辆安全无漏检的好成绩。铁道部“火车头奖章”、全路“百强检车员”、路局十大党员模范、全国五一劳动奖章荣誉集于一身，王德明是靠缜密的心思和勤奋的工作实现的。“干活不能光用力气。还要动脑筋；干一行，就要爱一行，精一行。”这是王德明的心得。

勤学巧练，不断攻坚——李泽峰

李泽峰是山西同煤集团四台矿电气队综采检修班班长，他从一个技校毕业的普通工人成了首席员工。从工作的第一天起，这个刚出校门的小伙子在心中发誓：我要成为一个技术顶呱呱的好工人，我也要追求人生的成功。

检修工不能只会检修，还要能改造设备的缺陷。队友们说，李泽峰的创新和技术改造虽然没有很高的科技含量，但这些从实践中得来的革新成果，可以使电气设备在煤矿安全生产中最大限度地发挥作用。

李泽峰在工作上的“抠门”是尽人皆知的。每次检修换下来的废旧配件，他从来不舍得扔，而是放在“宝贝”工具袋里，拿上来放到库房，一开始工友们弄不明白他在于什么，但以后发生的几件事，却让队友伸出了大拇指。

由于大型开关里的插件保护比较多，开关启动次数多了以后，里面的插件保护容易导致损坏。每个保护插件贵的1000元一个，便宜的也得300元一个。

坏了就换，没了再买，库房一大堆坏保护插件，谁都没觉得有什么不正常，可是李泽峰就是觉得这样花钱不正常。下班后，李泽峰把保护插件拿回家研究，里面的集成电路密如蛛网，线路板结构复杂，李泽峰就找来专业仪器一次次地检查，并通过电脑使线路模拟再现，经过2个多月的研究，他终于确认了出现故障的电子元件——而这个小电子元件在市场上的价格仅为0．03元！

接着他又马不停蹄地把先导插件、漏电插件、过载插件等各种保护插件所发生故障点都找了出来，而发生故障的电子元件最贵的也就几块钱，仅此一项，企业可以节约几十万元资金，同时减少了由于插件而引起的电气故障。

为了给企业节约资金，在工作中他更是精打细算，不让浪费，每次回收上来的配件，他总想办法派上用场。工作中的他不但用心，而且还肯动脑筋想出别人想不到的点子。

2007年7月，一条300多米6000V的高压电缆敷设过程中存在漏电现象，来回查了好几次，也没发现有破损处。但用摇表一摇，还是漏电，这可麻烦了，如果替换，不说人力物力，光电缆就几十万元，而且还影响生产。破损处在电缆里面，300多米，怎么找？队员们想了几个办法都失败了。这时李泽峰灵机一动：如果在外施加压力，屏蔽层就能碰到破损处，用万用表可以显示出来，从而找到它。“用橡皮锤敲打电缆外皮，把它打出来！”就这样一米一米地敲打，在打到100米处的时候，万用表的指针动了，破损处找到了，这个难题顺利解决了。

勤学巧练不断带来新成绩，他成了远近闻名的电气设备“神医”。

每次处理完故障，李泽峰都要把故障可能发生的原因，以及怎么找、怎么处理都写在他的工作日志上面，这也成了新来的员工必看的“教材”。

有人问他有什么秘诀时，他却说：“没有秘诀。认真、细心，运用所学的一切知识就可以了。”“不要以为小就看不到眼里。”

坚持自我学习与提高——柳传阳

柳传阳是辽河油田曙光采油厂作业五区813中心站兼职技术负责人、85号站大班采油工。经他改造的站内自产气回收流程技术、边缘井生产流程技术，每年为油田直接创效110万元，节约生产成本70万元。他曾荣膺中央企业“技术能手”桂冠、被授予“辽宁省劳动模范”荣誉称号。

“当一名有本领的工人”是柳传阳的理想。16年来刻苦的学习和实践，对理想孜孜不倦的追求，使得柳传阳从一名普通的采油工成长为采油技能专家。

1993年柳传阳从辽河油田技工学校地质专业毕业，来到辽河油田成了一名石油工人。在工作中他习惯于积累点滴经验，学习一切他不知道的知识和技术。有一次，初值夜班的柳传阳忽然发现值班室内采暖温度异常。带着疑问，他关掉了采暖炉火启动备用炉。半小时后，经过值班技术人员确认，正是柳传阳的果断决定，避免了一起可能造成大面积污染和炉子报废的恶性事故发生。

虽然柳传阳因此受到了领导的表扬和工友们的赞赏，但他的脸上有种火辣辣的感觉，他发誓要练就一身真本领，这样就能自己解决技术难题了。从此柳传阳更加刻苦地学习，经常到凌晨才肯上床休息。付出的努力总有回报，柳传阳以自己丰富的知识和高超的技术水平先后被评为辽河油田“技术标兵”“青工油水井分析能手”“首席技工”等。2004年，他更是以优异的技能被企业破格晋升为工人技师，又受聘为“辽河油田公司技能专家”。2005年柳传阳针对边缘井开采费电、耗人工的难题，成功地实施了改造边缘井生产流程技术。此项革新年节省电量60万千瓦时，节约人工费用10万元。柳传阳创造发明的“倒流程加盘根法”“气窜油井及时发现法”“自行处理冻堵管线法”等一系列工艺，经作业区推广，极大地提高了劳动生产率。此外，他撰写的《超稠油放喷井管理制度》《超稠油放喷井接力泵管理制度》《超稠油掺稀油管理制度》等论文，在实际工作中也发挥出显著作用。

柳传阳坚持自我学习与提高，同时也非常重视培训人才。多年来他累计培养油田公司技术能手5人，培养厂级技术能手16人。2006年作业区举行了“小练兵、大比武”技术竞赛，柳传阳获得个人第一名，他所在的813中心站一举取得团体第一名，获得辽河油田公司“学习型班站”“优秀班站”等荣誉称号。

工作本身就是最好的报酬——马克·吐温

马克·吐温于1835年诞生在密苏里州的佛罗里达。出生不久，家道没落，全家迁移到密苏里州的汉尼巴尔镇。

他父亲是一名律师，因为汉尼伯镇只是个边区的偏僻乡镇，收入少，无法维持家庭开销，便试着开店、养驴、养蚕、搞土地买卖，却没有赚到一分钱。贫穷和焦虑使他的脾气暴躁，寡言少语，但他宁可变卖家物，也不愿欠债，镇上的居民都很尊敬他。

马克·吐温在学校里是一个调皮捣蛋、难以管教的孩子，学习成绩很糟。11岁那年，父亲病逝，他不得不离开学校，靠打工养活自己，从此再也没有进过学校的大门。但他说："我不喜欢听从别人的意志来读书。我以自己的方式学习。"他自己的学习方式是什么呢？是自学，在工作中学习自己感兴趣的知识。

离开学校以后，他到报社印刷厂当排字工，老板不给工资，但供应他吃、住和服装。他穿着破旧而不合身的衣服，吃着粗粝而少得可怜的食物，晚上睡在冰冷的地板上，还要整天站着拣字、排字，十分劳累。他真想离开这里，但想到母亲期望的目光，又忍了下来。

他慢慢发现，排字工作原来很神奇，一个个字母排列起来，就成了一篇篇文章，有新闻，有评论，还有小说，读起来很有趣。他一边排字一边阅读，工作变得不那么单调乏味了。他感悟到：工作本身就是最好的报酬，既可以从中学到知识，也可以获取不少乐趣。

此后，他在密西西比河上做过舵手，参过军，经营过矿业。不管到哪里，他都坚持阅读书籍、报刊，慢慢地培养了写作的兴趣。最后，他在当新闻记者时展示了自己的才能。1865年，他写的幽默故事《卡拉韦拉斯县驰名的跳蛙》获得巨大成功，读者都公认他是美国最优秀的幽默大师。

他的作品多半取材于童年生活，尤其是他在密西西比河上的生活。《密西西比河上》以早年的舵手生活为题材，《汤姆·索亚历险记》及《哈克贝里·费恩历险记》都以密西西比河及河边小镇为背景，《艰难岁月》反映他在西部的生活经历。

从小勤奋好学的无产阶级文学家——小林多喜二

1903年，小林多喜二出生于日本秋田县一个贫困农民家庭。在小林多喜二4岁的时候，一家人迁到北海道的港口小樽，投靠在那里开面包作坊的伯父，勉强维持生活。

8岁的时候，小林多喜二上学了。由于家里帮手不够，小林多喜二每天放学回到家都要参加劳动。然而这并没有影响他的学习，他总在兜里放着一本书，干活空暇中便拿出来看。对于小林多喜二来说，每天晚上是最宝贵的时间。他总是胡乱扒几口晚饭，便钻到自己的小房间里去读书。因为善于利用时间，小林多喜二的成绩总是班里最好的。

由于读书太投入，小林多喜二还闹出过不少笑话。一天早晨，小林多喜二起床要去上学，他一边穿衣服一边背诵文章。他脑子里只有学习，根本顾不上别的，结果他穿上了姐姐的一件上衣，而且裤子也穿反了。上学的路上，小林多喜二一边走还不时地拿出书来看，所以自己一点都没有察觉。小林多喜二一进教室，便引起了同学们的哄堂大笑："小林多喜二，你今天怎么穿成这个样子！赶时髦吗？"小林多喜二这才往自己身上看，一看也被自己穿出的"奇装异服"逗乐了。

小学毕业后，小林多喜二在伯父的资助下进了商业学校。商业学校的课程相对自由些，学校有一个很大的图书馆向学生们开放。喜欢读书的小林多喜二每天除了上课便是扎在图书馆里。这段时间他对文学作品产生了浓厚的兴趣，读了高尔基、陀斯妥耶夫斯基、巴尔扎克等人的著作。读的书多了，小林多喜二便开始自己学着写东西。当时教他们国文课的川岛老师是个思想进步的文学爱好者。小林多喜二写完文章后便拿去给他看。川岛老师非常喜欢聪明好学的小林多喜二，便将自己的写作经验毫无保留地传授给他。有了老师的指导，小林多喜二练习写作更加刻苦了。他随身带着笔和本子，一有感想便写下来。经过不懈的努力，小林多喜二的文章有了很大提高。他的诗作和短篇小说经常在校刊上发表，同学们都喊他"作家小林"。

从商业学校毕业后，小林多喜二被分配到北海道开发银行小樽分行工作。银行里的工作虽然繁琐些，但是薪水不低，而且在别人眼里算是比较体面。然而小林多喜二并没有满足于这份安稳的工作，他想成为一名作家。白天上班，他便利用晚上时间进行创作。为了写出好的作品，小林多喜二不断深入到生活中。他到工地、工厂、洗衣房里去，和水泥匠、链条工人、洗衣妇攀谈；到集市上去看商贩们做买卖；到码头上去体验生活。他把现实生活中的所见所感都写入文章中。有一次，为了写一个乞丐，他竟然大冷天跑到火车站连续蹲了几个晚上，结果自己被冻病了。朋友去看望他时，劝他："以后别这么傻了，你生病了，躺在床上还能写吗？"小林多喜二却高兴地说："正好，我现在也需要一个病人的材料，这样就体会更深了。"

就这样，小林多喜二写出了《蟹工船》《腊月》《地下党员》等大量优秀的作品。这些作品深刻地揭露了当时社会的阴暗面，具有强烈的反抗意识，是日本无产阶级文学中的典范之作。

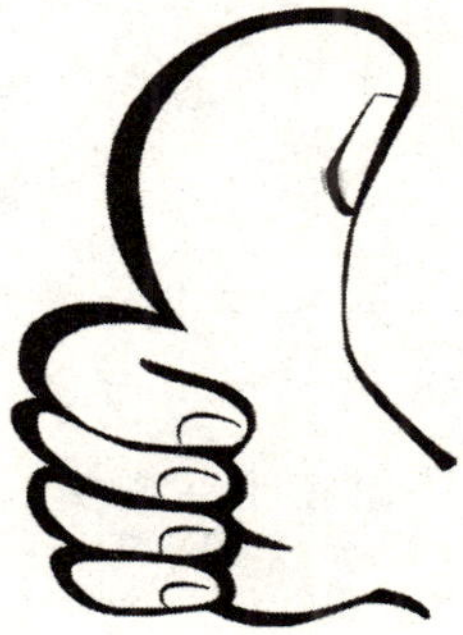

第六章

只有坚持学习才能实现自己的人生价值

“不登高山，不知天之高也；不临深溪，不知地之厚也。”显而易见，在这里荀子倡导的是身体力行的学习和实践精神。

我们每一个人每天都在学习中成长进步，通过追求自我的目的而在勾画自己的人生轨迹。人生就是一个实践的过程，我们应学会用心去享受生命的过程，用心去享受实践的过程，而这一切都是建立在坚持学习的基础上。所以，只有坚持学习，不断在生活中实践，才能真正实现自己的人生价值。

通过不断学习终于完成《史记》——司马迁

司马迁的祖上几代都做太史令，这个职位不是很显要，但司马迁和他的父亲司马谈都以此为荣。为了使儿子早日成才，继承自己的职位，父亲在司马迁10岁的时候，就引导他学习当时的古文。

年纪稍长，司马迁便跟随当时著名的经学大师孔安国学习《尚书》。后来，他又拜儒学大家董仲舒为师，在他的指点下研读《春秋》。虽然司马迁的父亲身居高位，但司马迁身上没有一点纨绔子弟的习气。他刻苦读书，努力钻研，谦虚谨慎，得到人们的好评。司马迁不愿意做两耳不闻窗外事的书呆子，20岁时随褚太等人周游天下，开始了艰苦的游历生活。

一天，司马迁来到会稽，访问了大禹的遗迹。在那里，他一边看着大禹走过的山山水水，遥想当年大禹顶风冒雨指挥众人疏通河道、堵塞决口的情景；一边向当地的乡亲们了解大禹治水的传说。一位老人告诉他，大禹接受治水任务时心理压力很大，独自到南岳衡山，祭奠自己的父亲。他对着苍天大声呼喊："苍天啊，你为什么不助我父亲治水成功！神灵呀，洪水何时能归大海！"他从衡山归来，沐浴斋戒，把自己关在屋子里，苦苦思索父亲治水失败的原因，最后才想出用疏通河道治理洪水的办法。听着老人的叙述，司马迁感到史书上记载的大禹治水过于简略，而且只是突出他治水如何功高盖世，如何公而忘私，而忽视了他作为普通人的一面。

从会稽经过姑苏，司马迁来到淮阴，这里是淮阴侯韩信的故乡。他拜访了许多士卒和商贩，本想跟他们聊一聊大将军韩信率大军攻无不克、战无不胜的丰功伟绩，却听到了韩信年轻时的悲惨故事：当年的韩信寄人篱下，遭人白眼，还受过胯下之辱。司马迁内心受到了强烈的震撼：原来只知道韩信率大军数十万纵横天下，哪里会想到他还有如此令人心酸的经历？离开淮阴，他更加深刻地感到研究历史时实地考察的重要性。之后，他又走过许多地方。广泛的游历使司马迁的眼界空前开阔，学识也大有进步。

看着儿子不断成长进步，司马迁的父亲很高兴。公元前110年，司马谈病危。临终前，他拉着儿子的手，流着眼泪说："我死之后，你一定要接着做太史令。做了太史令，不要忘记我想要写成一部通史的愿望。今汉朝兴盛，海内实现了大一统，上有贤明的君主，下有忠良的臣子。我身为太史令，却没有能秉笔直书，把他们记录下来，实在是一件憾事。你一定要替我完成这项伟大的事业！"父亲的嘱托震动了司马迁。他看到了一位史学家的使命感和责任感，也知道即将接过的这副担子有多重。司马迁流着热泪，坚定地回答道："儿子虽然没有什么特殊的才能，但一定能完成您的愿望。"

父亲去世后，司马迁继承了太史令的职位，读了很多一般人见不到的书籍和重要史料。这对于一心想写一部通史巨著的司马迁来说太重要了。但是，整理这些书籍和资料的工作却非常复杂。当时的藏书和国家档案都杂乱无章，连一个方便查考的目录也没有，司马迁必须在山堆似的竹简和绢书中找出线索，再去整理和考证。他几年如一日，埋头做这件异常枯燥和乏味的工作。

整理工作完成后，司马迁开始着手撰写伟大著作《史记》。不料，祸从天降。公元前99年，大将李陵进攻匈奴，被俘之后投降了匈奴。汉武帝知道后，非常恼火，他询问司马迁对此事的看法。司马迁客观地评价了李陵，说他一时兵败被俘，投降匈奴，日后还会寻找机会报答汉朝的。汉武帝认为司马迁有意为李陵辩护，将他打入大牢，定为死罪。

根据汉朝刑法，犯了死刑的人可以用巨额的钱财赎罪，或者接受腐刑。但司马迁根本拿不出钱来赎罪，只能选择腐刑才能免死。当时，他的内心痛苦极了。但是，为了完成父亲的遗愿，他顽强地活了下来，并最终完成了不朽的通史巨著——《史记》。

从木匠到画家——齐白石

齐白石于1864年1月出生在湖南湘潭县南的一户贫穷人家。他的乳名叫“阿芝”，入学后才有了大名白石。因为家里太穷，他读了不到一年的私塾，就不得不辍学回家砍柴放牛。

15岁那年，齐白石开始学雕花木匠。他雕刻的器物、人物、花草，纹理细腻匀称，富有神韵。人们都非常喜欢他的作品，争着买来赏玩，并亲切地叫他“芝木匠”。芝木匠不仅雕花雕得出色，还兼着学习画画。27岁那年，齐白石拜胡沁园、陈可藩为师，正式开始学画。

刚开始学画的时候，齐白石白天还要干木匠活，集中地学画只能在晚上。但他尽量利用一切可以利用的时间来画画和读有关的书籍。这时的齐白石仍然十分穷困。他做木匠活或者画画的时候，常常感到饿得受不了，可是又没有什么可吃的，只能以水充饥。晚上看书、画画得点灯，他哪里有钱买灯油呢？于是，他就到外边折一些松树枝，拿回来点燃照明。他觉得这样既省钱，又不耽误学习，简直是两全其美的事。

齐白石一心扑在艺术上，也不出门。他在40岁以前还没有离开过家乡。当时，他主要以替人画像和刻印维持生计。这样，他有比较稳定和集中的时间来钻研艺术，但也使他在眼界上、学问上都受到很大的局限。后来，有好友鼓动他走出家乡，到别的地方游历，以开阔视野。齐白石最终下定决心出游。此后的数十年里，他“五出五归”，远游大江南北各地，足迹遍及大半个中国。祖国的壮美山河和多姿多彩的风土人情，齐白石尽收眼底。这个民间画师的胸襟空前开阔、丰富了起来，他的绘画境界因此提高了不少。

他常说，绘画是“寂寞之道”，要想在这个领域取得一些成就，必须耐得住寂寞。1920年，为了探索出一条适合自己脾气秉性、气质和修养的艺术道路，齐白石决定关起门来做学问。他向朋友们发誓说："我画画多年，没有使自己满意。从现在起决定进行一场大的变革，但不想让别人知道，你们不要来打扰。就算是饿死在北京城，大家也不要可怜我。"从此，齐白石真的闭门谢客，一心钻研绘画的学问。一直到1929年，他用了10年的时间探索绘画的新路子，终于有所创见。他的画风大变，让人为之耳目一新。

齐白石年轻的时候，一次偶然的机会使他对刻印产生了浓厚的兴趣。那一年，家乡来了一位自称篆刻名家的文人，求他刻印的人络绎不绝。齐白石听说后也拿了块石章去求刻名印。过了几天，他去取，那个人却把石章退还给他，说："磨平了，再拿来刻印！"齐白石见石章已经非常平整，但听他这么说，只好又磨了磨再拿回去。可是，那个刻印人看都没看，随手又搁在一边。齐白石过了几天去问，那人仍然原物退还，叫他拿回去磨平。齐白石气得不得了，拿回石章，决心自己刻，当天夜里就用修脚刀刻成一块方印。印刻得不好，但他不断向刻印名家请教这方面的手艺，并结合自己画画的技巧，慢慢地越刻越好。他回忆当时的情景说过这么一句话："我学刻印时，刻完就磨掉，磨了又接着刻。磨成的粉末在书桌下面堆成堆，我就把书桌从东边移到西边，然后又移到其他的地方，最后整个书房到处是这种粉末。"这段时间齐白石刻印3000多枚。可见，齐白石是穿越了作品的海洋才得以冲进艺术的圣殿。他常说："我五天不刻印手就痒，一天不画画心就慌。"

齐白石不仅肯下苦工夫练习，而且用心思考。一次，老舍以"蛙声十里出山泉"的诗句为题，请齐白石画画。这需要以无声的笔墨来表现有声的诗文，很不容易，齐老先生一时也犯了难。他足足思索了三天，最后在"泉"字上找到了突破口。他一反常态地在画面上没有画一只青蛙，而是在峡谷间的流泉中点缀了几只活泼可爱的小蝌蚪。原来，齐白石是以蝌蚪离开水源，让人联想到青蛙和它们的叫声，从而营造出蛙声随水声由远而近的意境。《蛙声十里出山泉》是老先生用心创作的不朽杰作。

坚持学习，最终为中国农业发展做出重要贡献——竺可桢

竺可桢出生在浙江绍兴东关镇的一个粮商家庭。

他小时候天资不错，勤奋好学，2岁就能认字，4岁时能认2000个字。6岁那年，父亲请章镜臣先生做他的私塾老师。章先生学问极高，而且以严厉著称。但他从没有对竺可桢发过火，因为小可桢对自己的要求比老师的要求还要高，总是主动完成更多的功课。他练习写作文时，往往是写了一遍，觉得不够好又重写一遍，直到自己满意了才停笔。

小可桢学习太用功了，读起书来就忘记时间。母亲怕他累坏了身子，经常用陪学的办法使他早点休息。一天晚上，当他准备上床睡觉时，外面院子里的大公鸡已经开始“喔、喔”地叫了。天快亮了，他不想让母亲一直陪自己，因为母亲白天干活，晚上还得陪自己读书实在太辛苦了。竺可桢便草草地把书桌收拾了一下，和衣睡下。可是，等母亲睡熟了，他又轻轻地爬起来，背诵昨天老师教的国语课文。天长日久，竺可桢积累了愈来愈丰富的知识。上课时，老师提出的问题，他总能对答如流。

他不满足于已有的学习成果，而是热衷思考各种问题。他的家乡雨水较多，屋檐上总是滴水，落在下面的石板上发出“滴答！滴答！”的悦耳响声。下雨天，出不去。竺可桢就爱站在一旁数那滴答作响的水滴．数着数着，他像发现了奇迹一般，眼睛出神地盯住石板。他心里纳闷：这些原本很光滑的石板上怎么会有一个一个的小水坑呀，而且水滴正好滴在小坑里。再看旁边的几块石板，也都有同样的情况。他赶忙跑去请教父亲。看着儿子惊讶的样子和求知的眼神，父亲的脸上浮现出慈祥的笑容。

他听完了儿子的陈述，耐心地向他解释说："小熊（竺可桢的小名）啊，这就叫作'水滴石穿'呀！"竺可桢迫不及待地打断父亲的话："柔软的水滴怎么能弄穿坚硬的石头呢？"父亲语重心长地说："别看一滴一滴的雨水没有什么棱角，很柔软，但是，天长日久，坚硬的石板就被滴出小坑了。读书、学习，办其他的事情，都是这个道理，只要你能持之以恒，就会有所成就。"竺可桢把这件事深深地记在心里。从此，"水滴石穿"成了他的座右铭。他一直用这句话激励自己，学习成绩也一直名列前茅。

1905年，竺可桢从章老先生那里出徒，考入上海的澄衷学堂。在澄衷学堂期间，竺可桢深知学习机会来之不易，加倍地努力学习，每门功课都很优秀。由于过度劳累，他的身体瘦弱不堪，而且经常得病。同班同学胡适讥笑说他顶多活20岁。这虽然是一句玩笑话，但竺可桢把它记在心里。从那以后，他坚持锻炼身体，风雨无阻，从不间断。这样，他的身体一直很健康，为日后从事科学事业创造了良好的条件。

1920年，竺可桢受聘担任南京高师地学教授，次年，学校改称东南大学，在竺可桢主持下，建立了地学系，下设地理、气象、地质、矿物4个专业，并亲任系主任。这是我国高校建立地学系之始。

在东南大学任教期间，竺可桢积极筹建农场气象测候所。1922年，他主持购买了各种仪器设备，定期观测温度、湿度、气压、雨量、日照等项目，逐月发行南京气候报告。这是我国自建和创办气象事业的起点和标志。

新中国成立后，竺可桢被任命为中国科学院副院长，同时兼任中国科学院生物学地学部主任、综合考察委员会主任、中国地理学会理事长、中国气象学会名誉理事长、全国科学技术协会副主席等职务。作为新中国地学界的组织者和教育家，竺可桢倡导建立了许多新的研究机构，并培养了大批学术骨干力量。强调地理学一定要摆脱单纯描述，应用最新的科学成果和仪器设备，进行定位观测，建立实验室，采用现代化的工作方法，综合运用生物、物理、化学、数学等基础科学方面最新的理论来进行研究论证。

从1950年起，竺可桢开始着手研究物候学，于1963年出版《物候学》一书，为中国农业发展做出重要贡献。晚年，他又发表了集其毕生研究成果的《中国近五千年来气候变迁的初步研究》，引起世界轰动。1974年2月7日，竺可桢病逝于北京，享年83岁。

挑战歌德巴赫猜想——陈景润

陈景润于1933年出生在一个工人家庭，父亲是一位邮政工人，陈景润在众多的兄弟姐妹中排行老三。1945年，陈景润随家迁居福州，并进了英华中学。陈景润从小性格内向，只知道啃书本，同学们给他起了一个绰号“书呆子”。陈景润从小就对数学情有独钟，喜欢钻研，刚好这时候学校来了一位著名科学家沈元教授，他在一堂数学课中，讲了17世纪德国数学家哥德巴赫提出的一个猜想。他还打了个形象的比喻，自然科学的皇后是数学，数学的皇冠是数论，而哥德巴赫猜想就是数学皇冠上的明珠。他的这堂课深深刻在陈景润的脑海里，他暗下决心，一定要摘取这颗“数学皇冠上的明珠”。

1950年，陈景润高中尚未毕业，就以同等学力考入厦门大学。1953年，陈景润大学毕业后被分配到北京一所名牌中学任教。由于他不善言辞，个性也不适宜教书，压力很大，人也病倒了。当时该中学领导在一次会议上碰上来北京的厦门大学校长王亚南，向他抱怨陈景润不行。王亚南了解陈景润的个性和价值所在，于是把他调回厦门大学担任学校图书馆管理员。陈景润回到厦门大学，病也开始好转了。他利用这个有利的时机，如饥似渴地研读了华罗庚的《堆垒素数论》和《数论导引》。他要努力研究，做出成绩来，才不辜负信任和爱护他的人。

功夫不负苦心人，陈景润终于写出了第一篇数学论文《关于塔利问题》，并把它寄到中科院数学所。他希望自己的数学才能能得到当时著名数学家华罗庚的认可，像当年华罗庚被熊庆来赏识一样。果然，华罗庚盛情邀请陈景润参加1956年全国数学论文宣读大会。1956年底，华罗庚把他调到中国科学院数学研究所担任实习研究员。

陈景润调到北京后，在华罗庚的栽培之下，迅速成长起来。他在圆内整点问题、球内整点问题、华林问题、三维除数问题等方面，都改进了中外数学家的结果，取得了最新的成就。但是他并不满足，他要完成青年时期的梦想，向哥德巴赫猜想挺进。陈景润当时居住在6平方米的小屋内，借一盏昏暗的煤油灯，进行繁复的计算，条件十分艰苦。但是他浑然不顾，废寝忘食，昼夜不舍，潜心思考，达到了痴呆的地步。有一次一头撞在树上，还问是谁撞了他。1966年5月，陈景润耗去了几麻袋的草稿纸，写成论文《大偶数表为一个素数及一个不超过二个素数的乘积之和》，攻克了世界著名数学难题“哥德巴赫猜想”中的（1+2），创造了距摘取这颗数论皇冠上的明珠（1+1）只有一步之遥的辉煌。可是论文太长了，厚达200多页。考虑到科学的简明性，闵嗣鹤教授建议他简化一下。他又投入到更加艰巨的工作中去了。这时“文革”开始，陈景润受到了一定程度的影响，但他并没有放弃。1973年，陈景润终于将论文简化完成。

陈景润的工作轰动了世界，国际上的反响非常强烈。当时英国数学家哈勃斯丹和西德数学家李希特的著作《筛法》正在印刷所校印，他们见到陈景润的论文后，立即要求暂不付印，并在这部书里加添了一章“陈氏定理”。他们把它誉为筛法的“光辉的顶点”。一位英国数学家在给陈景润的信里称赞他说：“你移动了群山！”

陈景润分别在1978年和1982年两次收到在国际数学家大会作45分钟报告的邀请。他本想在他有生之年完成（1+1），彻底摘取皇冠上的明珠。可惜的是，在他生命最后的10多年中，帕金森氏综合征困扰他，使他长期卧病在床，最终未能实现夙愿。虽然小有遗憾，但是陈景润在数论和歌德巴赫猜想方面的研究上取得了举世瞩目的成就，他将永垂千古，流芳中国科学史。

用学习点燃事业发展的星星之火——吴燎原

吴燎原是福建省电力有限公司三明电业局带电中心带电二班班长，在平凡的岗位上做到了爱岗敬业、学习钻研，创造出了不平凡的业绩。

1994年吴燎原从福州电力技工学校毕业，来到了三明电业局供用电部配电维护及配电工程班。2000年由于工作需要他来到了带电中心开始从事带电作业。由于带电工作的组织性、技能性和专业性都非常强，吴燎原认为自己终于找到了施展才华的人生舞台。为了尽快提高业务水平，他利用业余时间学习专业知识，并且考取了福州大学大专文凭，还及时向老师傅和专家们请教学习相关的经验和技术，仅用了几年就掌握了带电作业的多项核心技术，对于一些重要设备的操作非常熟练。

在提高自我的同时，他还认真组织全班同事学习，共同编写带电作业操作规程，努力提高全班的作业水平。从2007年班组改革后，吴燎原积极组织班内业务培训，进行认真的调查研究，制定了配套事故抢修和带电施工作业方案，完成了多项重大任务。他还带领全班成员积极进行技术创新和项目研发，先后完成了绝缘平台、绝缘梯带电断接火等项目，并把技术创新的成果及时应用到实际生产中，使新项目常规化、规范化，他们开发的10千伏带电更换分段开关获得了福建电力公司2005年科技开发进步三等奖。

吴燎原不仅带领全班在新知识、新技术培训中不断进步，而且在工程质量、工作态度、吃苦耐劳方面也毫不放松。全班多次面对重大抢修任务和险情敢打敢拼，用辛苦和勇气换来了人民群众生命财产的安全。无论何时何地，吴燎原总是能第一时间来到最需要他的工作岗位上，从不讨价还价，从不叫苦叫累。因为他知道电力供应关乎国计民生，他的一点小小的努力就能换来千千万万老百姓生活的安定祥和。

博学多才的智者——亚里士多德

亚里士多德出生在希腊北方的斯塔吉拉城。其父是马其顿国王阿穆塔的宫廷御医，因医术高明，深得国王的宠信。母亲是国王赏赐给老御医为妻的侍女。国王非常关照这个特殊的家庭。因此，小亚里士多德可以自由出入王宫。王宫贵族的生活方式，让少年亚里士多德着迷。在一段时间里，他把大量的时间投入到了和贵族王子们的玩耍之中。

后来亚里士多德的父亲不幸病逝，他的母亲也在郁闷中病倒了。母亲在生命垂危的时候对儿子说："做人无论如何要知道自己的位置。我们不是贵族，不要把自己装扮成贵族，那样会害了自己。"她已经很虚弱了，停了一会儿接着又说："你父亲留下了一些遗产，但这些不能持久。你应该学会做点事情，要能够养活自己，要像你的父亲那样，靠自己的知识和技能赢得别人的尊敬……"

母亲死后，少年亚里士多德显得成熟多了。他不再追求时髦的穿戴，也不再和那些贵族公子们玩耍了，而是收住心思，学习各种知识，钻研感兴趣的学问。

追随名师

17岁时，亚里士多德十分欣赏当时柏拉图创办的学园的学风，便决定到那里求学。亚里士多德由于受贵族生活的影响，不仅举止温文尔雅，连说话也非常讲究且语调柔和。不久柏拉图发现，这个年仅17岁的青年学识渊博，才华横溢，上知天文，下晓地理。亚里士多德使已进入暮年的柏拉图深感惊异，并给柏拉图留下了深刻的印象。

在柏拉图学园，亚里士多德度过了20年的时光。学习期间，他广泛涉猎各个学科，对政治、历史、天文、数学、物理、生物、心理、修辞、戏剧等学科都做了深刻的研究。作为学生，他对老师十分尊重，虚心向老师学习，但他从不在思想上受任何人的束缚。他对柏拉图在学园门口写着的“不懂几何学的人，请勿入内”的观点不以为然，还常驳倒柏拉图的理论。这使柏拉图的其他弟子十分不满，他们在忍无可忍的情况下谴责亚里士多德，要他尊重老师。亚里士多德面对责难不为所动，他告诉同学：“我爱我的老师，但更爱真理。”

亚里士多德一生勤奋好学，善于寻根问底。当柏拉图讲述《理想国》时，所有听讲的学生都觉得枯燥乏味，唯有他深觉奥妙。他如饥似渴地吸吮着柏拉图思想的精华，因此深得柏拉图赏识。柏拉图曾经这样赞赏他：“我的学园可分成两部分——一般学生构成它的躯体，亚里士多德构成了它的头脑。”由此可知，亚里士多德在当时的地位和名气已非同一般了。

创办学园

公元前335年，亚里士多德效仿老师柏拉图在雅典郊外创办了自己的“吕克昂学园”。他创办的学园风景秀丽，人们常见到这位充满智慧的哲学家领着他的学生在林荫道上一边散步，一边自由地议论着各种哲学问题。于是，他和他的学生获得了“逍遥学派”的美称。

在学园，亚里士多德除了教学，还致力于生物学和自然科学的研究。为了让亚里士多德更好地投入研究工作，已成为马其顿国王的亚历山大指示他的猎手、猎场守门人、园丁和渔夫向亚里士多德提供一切他感兴趣的东西。当然亚里士多德为自己的研究也投入了大量的人力。他曾派上千人到希腊和小亚细亚各地采集各种动、植物标本。有了这些条件，亚里士多德建立起了世界上第一座动物学庭园。正因为如此，亚里士多德在生物学、解剖学和植物学上都建树极丰。

自学成才的思想巨人——卢梭

卢梭的父亲是一个钟表匠，母亲在他出生后没几天就去世了。家里很穷，但爱读书的母亲却给卢梭留下了很多书，有哲学方面的，有历史方面的，更多的是小说、诗歌等文学作品。

卢梭从小就聪明机灵，尽管他不可能像有钱人家的子弟那样受到系统的教育，但爱读书的习惯使他成了一个拥有丰富知识的人。

卢梭从5岁开始就大量读书。贫穷但可亲的父亲对儿子这一读书嗜好感到特别欣慰，他只要有空闲时间就陪同儿子一起读书。有了父亲的陪伴，卢梭读起书来更加如痴如醉。每天晚上，卢梭父子总是一起读书，有时看得入了神，竟忘了睡觉。父子俩每看完一本，还要交换着看，读每本书总一气呵成。

7岁的时候，卢梭已经把母亲生前留下的书全部读完了，然后又到外祖父家找书看。他从外祖父那搬来的书，多是些充满知识和蕴含深刻思想的书，如《世界通史讲话》《名人传》和《宇宙万象解说》等等。

除了读书外，卢梭还有一个爱好，就是音乐。读书使卢梭获得了很多知识，也养成了爱思考、追求真理的习惯；音乐又使他的情感十分丰富，富于联想。这两大嗜好使卢梭终身受益，使他后来成为历史上的杰出人物。

波折多难的经历

卢梭自12岁开始自谋生计，做过仆人、学徒兼杂役。15岁时，因不堪忍受东家的粗暴待遇，他外出流浪，后被德·瓦朗夫人收留，替她管家务。这期间卢梭刻苦自学，为获取渊博的知识奠定了稳固的基础。中途，卢梭曾几次出走，还到过巴黎，因不愿再当奴仆，最后又返回到德·瓦朗夫人身边。

1741年，卢梭再次前往巴黎。这次他带着一种自己新发明的音乐记谱法——“数字记谱法”，原以为这会引起一场音乐革命，但他只是从法兰西学院得到了口头上的鼓励。穷困潦倒的卢梭在巴黎只得靠替人抄写乐谱、教授音乐和给贵妇人充当秘书为生。这期间卢梭结识了著名思想家、学者狄德罗以及孔狄亚克等人，他们对卢梭产生了很大的影响。

1743年，卢梭任驻意大利使馆秘书的职位，不久被大使赶回巴黎。这时，他应狄德罗之邀给《百科全书》撰写音乐方面的文稿。在狄德罗的鼓励下，1749年10月，卢梭以论文《科学和艺术的进步对改良风俗是否有益》参加第戎学院的征文，得以中选，这使卢梭在法国名声大震。随后第戎学院再次征文，这次卢梭发表了《论人类不平等的起源与基础》一文，虽未入选，但却扩大了他的名气。

1752年，卢梭创作的歌剧《乡村教师》在巴黎首演，获得了极大的成功。从1756年到1762年，卢梭隐居在巴黎近郊的蒙莫朗西森林附近。在此期间，他发表了《致达朗贝论戏剧书》（1758年）、《新爱洛绮丝》（1761年）《社会契约论》（1762年）和《爱弥儿》（1762年）。卢梭的《爱弥儿》一书出版后，掀起从法国开始后遍及整个欧洲的声势浩大的反卢梭浪潮。从此，卢梭开始了逃亡生活。

1767年，卢梭更名易姓后返回法国，过着隐居生活，并在流亡中断断续续地进行《忏悔录》的创作。这样的流亡生活直到1770年6月，法国政府宣布赦免卢梭方告结束。卢梭的晚年也来能安详地度过，他当时一直受到法国当局的监视，过着清贫的生活。完成《忏悔录》之后，卢梭又完成了《忏悔录》的续篇《一个孤独的散步者的遥想》。1778年7月1日，卢梭在悲愤中去世。

坚持阅读，终成哲学大家——黑格尔

求学时代

1770年，黑格尔出生于德国符滕堡的斯图加特城一个政府公务员家庭。1780年，黑格尔就读于本城文科中学，接受古典和启蒙教育。他的各门学科都学得很出色，升级考试的成绩总是优良，尽管这样，父亲还是为他聘请了家庭教师。

黑格尔书读得很多，他把零用钱都用于买书了。他常常到公爵图书馆里去看书，认为阅读是一种很大的乐趣。他爱读严肃的书，读这些书的时候，还养成了一个独特的习惯，那就是，把读过的东西详细地摘录在一张张活页上，然后按照语言学、美学、面相学、算学、几何学、心理学、史学、神学和哲学等项目加以分类。每类都严格地按照字母次序排列。所有摘录都放在贴有标签的文件夹里。这样，不论需要哪一条摘录，都可以马上找到。这个习惯和这些文件夹伴随着这位哲学家成长。

1788年10月，黑格尔进入图宾根修道院的神学院学习哲学和神学。在神学院，黑格尔还是像中学时代一样，喜欢把时间花在书本上。尽管骑马和击剑也是未来牧师的训练科目，但黑格尔对此并不怎么感兴趣。同学们总拿黑格尔开心，一谈到他就称他为“老头儿”。黑格尔并没有为此而生气，因为他跟人人都合得来，大家都把他当作知心伙伴。

受启蒙运动影响

1793年，正当法国革命如火如荼地进行时，黑格尔已经完成学业，从图宾根神学院毕业了。上学期间，法国大革命的浪潮完全改变了黑格尔。社会政治问题开始闯入黑格尔的生活，关心政治成为他终生的“癖好”。在图宾根的俱乐部里，年轻的黑格尔成了积极分子。他在集会上发表演说，常博得同道们的喝彩。

毕业后，黑格尔没有去当牧师，而是到了卢梭的故乡瑞士做了一名家庭教师。这一职业给了他充足的时间去研究哲学和古希腊文学。他居住在伯尔尼，利用闲暇，穿梭出入于一家大图书馆，先后阅读了爱德华·吉本关于罗马帝国衰落的著作，孟德斯鸠的《论法的精神》，以及希腊和罗马的古典文献。他也研究批判了哲学家康德，受其宗教论文的启发，他还撰写了一些文章。大约一个世纪以后，这些文章才被收入《黑格尔青年时代的神学著作》，直到那时，才引起人们的广泛关注。

形成黑格尔思想体系

1799年，父亲去世，黑格尔得到了一笔能够在经济上取得独立的遗产，这使他下决心放弃固定的工作，开始真正的学术生涯。1801年，他来到了德国文化复兴和自由思想中心——耶拿大学，成为耶拿大学的一名编外讲师。1801年至1802年，黑格尔讲授逻辑学和形而上学的课程。随着教学进程，他逐渐将自己的整个思想体系展开。1803年后，他开始自由地阐发见解。除了哲学和政治学研究之外，他还摘录一些其他学科的书，出席生理学讲座，涉猎其他科学。

在耶拿期间，除了学生，黑格尔还认识并结交了伟大的文学家歌德，歌德那时担任魏玛公国主管教育文化的大臣。在歌德的帮助下，1805年2月，黑格尔被任命为耶拿大学特命教授，这使黑格尔安下心来写令他一举成名的大作《精神现象学》，并于1807年发表。1816年，黑格尔完成了内容最深奥的《大逻辑》，在这本书里，他首次描述了黑格尔哲学体系的最终形态。两部著作的完成，使作为学者的黑格尔声名远扬。1816年秋，他接受了海德堡大学的聘请，成了一名真正的大学教授。第二年利用演讲机会，他出版了《哲学全书纲要》一书，第一次完整地展示了他的哲学体系。

1821年，黑格尔整理出版了《天赋权利和国家理论概念》（后易名为《法哲学》）。1823年至1827年，他的活动达到高潮。这些年里，来自国内外的成千上万的听众都受到他的影响，那些狂热的或智慧的信徒，把他的声名传播到海外。

从好钻研的少年到科学巨人——伽利略

好钻研的少年

伽利略的父亲是个破产贵族。当伽利略来到人世时，他家里已经很穷了。为了免于饥饿，尽量多挣点钱，父亲想让伽利略将来当个布商，为此将他送到学校去读书。

伽利略从小就爱动脑筋，当看到机械方面的东西，总想试着做一做。在学校里，伽利略学习勤奋刻苦，很快学会了拉丁文、希腊文、哲学，就连图画和音乐，他也学得很好。

17岁时，伽利略进了比萨大学。在大学里，伽利略非但勤学而且好问，哪怕是一个人们司空见惯的现象，他也要问一个为什么。一次，他站在比萨的天主教堂里，眼睛盯着天花板一动也不动。原来，他用右手按着左手的脉搏，看着天花板上摇摆不定的灯。他发现，这灯的摆动虽然是越来越弱，以至每一次摆动的距离渐渐缩短，但是，每一次摇摆需要的时间却是一样的。于是，他根据这个提示做了一个摆锤实验，从中他找到了摆的规律。后来他还根据这个规律造出了钟。

然而，因家境贫困，伽利略不得不提前离开大学。失学后，伽利略仍在家里刻苦钻研。他发明了一种比重秤，还写了一篇名为《固体的重心》的论文。很快伽利略名闻全国，人们称他为“当代的阿基米德”。

斜塔上的落体实验

有一个时期，伽利略对亚里士多德的落体学说产生了怀疑。亚里士多德认为，物体越重，下落的速度越快。而伽利略却不这么认为，于是他选择了比萨斜塔做实验场。一天，他带了两个大小一样但一个实心一个空心的铁球，登上了斜塔。塔下站满了前来观看的人。大家议论纷纷，有人讥笑他，认为他疯了，竟然敢挑战亚里士多德。

只见伽利略出现在塔顶，两手各拿一个铁球，大声喊道：“下面的人看清楚啦，铁球落下去了。”他把两手同时张开。人们看到，两个铁球平行下落，几乎同时落到了地面上。那些讽刺讥笑他的人顿时目瞪口呆。

伽利略的这次实验，揭开了落体运动的秘密，推翻了亚里士多德的学说。

观察天外世界

1608年的一天，伽利略听说，有个荷兰人将凸透镜和凹透镜放在一起制成了一个可将所视东西放大的玩具。这一夜，他反复思考琢磨着这个奇妙的东西。天亮了，他决定自己动手做一个这样的东西，即望远镜。制成的第一个望远镜可把物体放大3倍，但伽利略没有满足，不断地对它改进，最后，望远镜可将原物放大32倍了。

一天晚上，伽利略拿起自制的望远镜对准了月亮，发现月亮上面有高山、深谷，还有火山的裂痕。这以后，伽利略几乎每天晚上用望远镜观察天空，探索着宇宙的奥秘。他发现，太阳里面有黑点，这些黑点的位置在不断地变动。因此，他断定太阳本身也在自转。后来他在观察木星时，还发现木星有4颗较大的卫星，且它们在绕着木星公转。

伽利略通过不懈的观察，以无可辩驳的事实生动地说明：地球在围着太阳旋转，而太阳不过是一颗普通的恒星；所有的恒星都是像太阳那样的巨大天体；宇宙间的一切天体都在运动之中。他用观察到的事实有力地证明了哥白尼学说的正确。

1610年，伽利略的著作《星空使者》出版了。人们惊讶地说："哥伦布发现了新大陆，伽利略发现了新宇宙。"

近代代学之父的学习之路——道尔顿

道尔顿于1766年出生在英格兰北部巴兰郡一个偏僻的小村庄里。父亲是个织布工人，靠微薄的收入养活着家里的6个儿女。道尔顿从小聪明好学，还不到上学年龄，他就喜欢跟着村里的大孩子们去学校听课，还把他们的课本借回家看。父母看这个小儿子这么爱读书，下定决心日子再难也要送他去上学。

7岁的时候，道尔顿进了村里的教友会小学读书。道尔顿知道自己的学习机会来之不易，学习非常刻苦，他每科成绩都是班里最好的。不过，道尔顿最喜欢数学。他们的数学老师鲁滨逊是个知识渊博的人，他喜欢给孩子讲一些课本中没有的知识。每次上鲁滨逊老师的课，道尔顿都会听得入了迷。

为了拓展孩子们的思路，鲁滨逊老师每天都会给学生们留几道比较难的附加题。很多学生对此都叫苦连天，道尔顿却不是这样。一次，鲁滨逊老师留了几道很难的函数题，让学生们选做。很多同学思考了一会儿没有眉目便放弃了。然而这些难题在道尔顿看来有趣极了，他趴在课桌认真地算着。一道、两道、三道……这些题就这样被他解开了。但到了最后一道题时，道尔顿却被难住了，他算了好长时间都没有结果。这时候已经放学，同学们都陆续回家了。鲁滨逊老师路过教室时，发现道尔顿还在埋头算着，便走进去想给他指点一下。然而道尔顿却直截了当地拒绝了老师的帮忙："老师，让我自己做吧。"

"好吧，我等你。"鲁滨逊老师干脆也不回家了，他回到办公室坐了下来，他倒想看看这个孩子到底有多大耐心做这道题，毕竟那道题也是自己算了半天才得出结果的。时间一分分过去了，天都快黑了，鲁滨逊老师决定叫道尔顿一起回家。然而，这时候道尔顿却推门进来了。"老师，我算出来了！"小道尔顿高兴地喊。鲁滨逊老师拿过道尔顿的本子看了起来，果然，道尔顿这道题做得非常正确。然而让他更为感动的不是道尔顿做出了这道题，而是这个孩子不言放弃的精神。从那以后，鲁滨逊老师对勤奋好学的道尔顿格外用心培养。

然而，道尔顿在学校读书的时间并不长。9岁的时候，由于家境窘迫，他不得不退学了。不过，道尔顿并没有因此而终止学习。他开始自学，每天帮家里干完活，便拿出书来看。他一有时间便到鲁滨逊老师家里请教问题。鲁滨逊很爱惜少年道尔顿的才华，便将自己的知识毫无保留地传授给他。在鲁滨逊老师的指导下，道尔顿学习了初中、高中的数学、化学、物理等知识。

道尔顿13岁的时候，鲁滨逊老师退休了。他便接替老师的位置，做了这个教友会小学的老师。在村里做教师的收入虽然微薄，道尔顿却有了更多学习的时间。从此，小道尔顿便一边教书一边自学。

15岁的时候，不幸的事发生了：父亲因长期劳动得了重病。为了挣钱给父亲治病，道尔顿辞去了小学教师的工作，来到了肯代尔城。后来他在一所教会中学找到了一份老师的工作。在这里，他遇到了盲人学者约翰·格夫。格夫自幼双目失明，但凭着艰苦的自学取得了很大成绩，30岁时已精通几国语言，对数学、哲学、天文学、化学等也很有研究。道尔顿非常佩服格夫顽强的意志力，一有空便去拜访他，向他请教自然科学的知识。时间长了，两人便成了忘年交。在格夫的启发下，道尔顿认识了人生的价值，体验了意志的真正威力。他除了教课外，一有空就坚持自学。这段时间，道尔顿开始将精力投入到气象学和化学的研究上，并取得了很大的成绩。

1793年，经格夫的介绍，27岁的道尔顿来到了曼彻斯特，在长老会创办的一所新学院里担任讲师，讲授自然科学。

这一年，道尔顿出版了他的第一部科学著作《气象观测论文集》，并因此受到了科学界的关注。此后，在此书的基础上，他又开始研究大气压。为了从理论上解释气体分压定律，道尔顿后来又转到了物质结构的研究上，并最终建立了原子理论，他也因此被称为“近代化学之父”。

从刻苦学习的小女孩到“铁娘子”——撒切尔夫人

玛格丽特·撒切尔夫人于1925年出生在英格兰林肯郡的格兰瑟姆市。父亲是一个商人，曾任格兰瑟姆市议会议员、副市长和市长等职。受父亲的影响，玛格丽特从小养成了坚毅、独立的性格。

7岁时，玛格丽特开始上学。她读书很用功，课下总能合理安排自己的时间，因此成绩特别好。10岁的时候，玛格丽特跳级考入凯斯蒂文学校。这所学校在当地特别有名气，考入这所学校里的学生大都是当地出类拔萃的孩子。天资聪颖的玛格丽特凭着自己的刻苦努力，每年都能拿到学校的最高奖学金。18岁的时候，玛格丽特以优异的成绩，考入牛津大学索默维尔女子学院学习化学。大学期间，玛格丽特并没有懈怠，她不但用心研读本专业的课程，还阅读了大量的文史书籍，学校图书馆的书籍几乎被她读遍了。几年下来，玛格丽特成为一个知识渊博、有独立见解的人。

早在大学期间，玛格丽特就对政治特别感兴趣。她把许多课余时间都花在政治活动上，结识了不少保守党知名人士，并担任了牛津大学索默维尔女子学院保守党协会主席。学生时代的政治活动开阔了玛格丽特的视野，使她得到了很好的锻炼。从那时起，她就立志从政，希望将来为国家做出贡献。

大学毕业后，玛格丽特先是在一家塑料公司做化妆师，后在莱昂斯实验室当过实验员。不过玛格丽特一直没有放弃政治上的追求，工作之余，她积极参加政治活动，成为当地保守党协会的重要成员。

1951年，26岁的玛格丽特与丹尼斯·撒切尔结婚。两人生活甜美，3年后生下了一对双胞胎儿女。拥有了美满家庭的玛格丽特并没有放弃自己事业上的追求，孩子不到半岁的时候，她便报名准备参加律师资格的考试。她一边照看孩子一边潜心攻读法律。半年后，玛格丽特获得了律师资格证书。此后，她便做起了处理税务和专利业务的律师。

经过几年的努力，玛格丽特在事业上取得了很大成绩。1959年，34岁的撒切尔当选为芬奇兰选区保守党下院议员，从此开始了她的政治生涯。玛格丽特很快展现出她非凡的才能，她工作认真负责、待人热情诚恳，得到了许多人的拥护。两年后，撒切尔夫人被麦克米伦首相破格提拔为保险部政委次官。这之后，坚毅果敢的撒切尔夫人在政治道路上一路顺通，她先后担任过内阁发言人、教育大臣、财政事务发言人。1974年，保守党因在两次大选中连续失利，决定重新选举领袖。此时在英国政界已经非常有影响的撒切尔夫人，得到了保守党右翼的支持。1975年2月，她当选为保守党领袖。此后，为了使保守党在英国政坛上重新占据主导地位，撒切尔夫人做了许多努力。她不断在国内外发表政论演说，走访了美国、加拿大、法国、中国等20多个国家，扩大了保守党的影响，也为她自己赢得了很高的威信。

1979年，保守党在大选中获胜。撒切尔夫人凭着她非凡的领导才能，当选为英国首相。撒切尔夫人刚上任时，面临着很大的挑战。当时英国的经济很不景气，国民生产总值远远落后于美国、法国、意大利等其他西方国家。撒切尔夫人决心改变这种状况，振兴英国。此后，她在英国进行了大刀阔斧的改革：削减工会组织；实行了国有企业私营化；实行货币主义政策，有力地控制了货币发行、改革了税收制度；调整科技政策，鼓励科学技术的发展。撒切尔夫人一向以手段强硬著称，在对内和对外问题上皆是如此。她曾说："我不是一个追求一致意见的人，而是一个具有自己信念的人。"为此，撒切尔夫人一向被人们称为"铁娘子"。

第七章

创新凸显个人能力

创新是一个永远不会过时的话题。所谓创新，就是要敏锐地发现人们没有注意到或未重视的某个领域中的空白、冷门或薄弱环节，改变思维定式，进行创造和革新。创新并不是少数几个天才的权利，每个人都能创新。我们无论是在学习还是在工作中，都要时刻培养自己的创新能力，只要你在某一个方面能够有新发现，那么你会比其他人以快百倍的速度到达成功的顶点，因为创新能力是一个人最大的竞争力。

让人们再不用爬上抽油机加油了——代旭升

代旭升是胜利油田东辛采油厂的采油工，这个只有初中学历的工人发明家，数十年如一日，痴迷于技术创新，先后完成技术创新80多项，其中13项获国家实用新型专利，1项申报国家发明专利，1项获国家技术成果奖。通过自己的努力创新，代旭升成为全国技术能手、山东省首席技师、胜利油田采油技能大师、胜利油田第一个享受山东省政府津贴的工人，高级技师，全国五一劳动奖章获得者。他立足岗位的种种创新成果都为企业和行业发展做出了重要的贡献。

创新当然要有良好的基本功做保障。为了练习在2毫米粗的钢丝绳上打结拴刮蜡片，代旭升攥着如同缝衣针一般粗细的钢丝，练了一遍又一遍，手上磨出了一串血泡，右手血肉模糊，一伸一攥疼得脸上滚汗珠子，但他就这么咬着牙手攥钢丝一天天练下去。

为了学习理论知识，代旭升痴迷上了“沉积岩”“地震勘探”“油层”这些地质名词，他勤学多问，在上下工的班车上、在回家的道路上也在琢磨。一个初中文化的工人，就这样依靠自己的努力，精读了《采油工十懂十会》《采油工技术手册》《采油地质》《采油工艺》等十几本采油及地质学书籍。

有付出必有收获，技艺的纯熟、理论的提升，让代旭升在创新的道路上渐入佳境。他经过半年多的反复试验，发明了“气压式加油包”，从此，人们再不用爬上抽油机加油了，也不用担心从高空掉下来了；在三九严寒的季节，他骑着破旧的自行车，穿梭在油井之间。90多个日日夜夜，他没有睡过一个囫囵觉，经过上百次的计算、设计和试验，“JN-150型节能电加热器”问世了；他提出用“提捞法”采油的建议，并改造发明了自动泄压式凡尔抽子和自热式配重器，填补了国内“四次采油”工艺空白；他研制成功集原油回收、除沙、防火、防盗等多项功能于一体的“计量站玻璃钢污油储存罐”，成为油田行业实现文明采油的里程碑式突破……

代旭升如是总结自己的创新经验：要技术创新，一要经常学习积累知识；二要深入基层，这样才能善于发现问题，不管大小问题，都认真解决，只要你坚持下来了，那么你就有创新成功的希望；三要把创新当成乐趣，别认为创新是负担，当作负担，就会形成压力，有了压力，就很难创新了。同时，作为技术创新，都是由易而难，要善于观察、发现生产当中遇到的一些问题，不论难题大小都要认真对待和解决。小问题的解决，属于合理化建议；大问题就可以深一步报厂、局技术革新成果，技术含量高的，可以申报国家实用新型专利和发明专利。

胜利油田党委副书记、工会主席李忠华感慨地说：“代旭升的成长印证了两句话：一是学习改变命运；二是咱们工人有技术才能更有力量！”

从生活中发现创新的灵感——孔利明

1993年，上海宝钢集团的“日野”载重车的启动马达被国产替代的离合器片粉末堵死，大量烧坏。面对一个个价值1万多元，堆成小山似的报废启动马达，工人发明家孔利明和领导、职工一样看在眼里，急在心头。不能眼看着离合器片国产化方案流产，他决意要攻下这个新课题，可他先后设计20多个方案都不行。

山重水复疑无路，柳暗花明又一村。恰这天孔利明去买面粉，谁知装面粉的塑料袋被自行车扎了个洞，面粉嗞嗞地往外流，孔利明一看，顿时喜从中来，解决问题的方案找到了，他顾不上堵一下洞口，飞快地赶回家，扔下已漏了一大半面粉的塑料袋，直奔实验室。第二天，他在马达上开了一个小洞，没花一分钱，就解决了启动马达容易被烧坏的问题，离合器片国产化也顺利推行。当年为宝钢节支148万元。

2000年4月26日，以他的名字命名的科技创新小组在宝钢运输部修理车间电工班组成立。不久，宝钢冷轧厂反映，由于成品库的行车空调滴水，导致库内的成品卷表面经常被腐蚀而生锈，影响了产品的整体质量。

“我们创新小组去试试，看能不能解决？”孔利明带着几位组员去了冷轧现场。果然，行车空调的冷凝水从高空飘下，洒落在裸露的成品卷上，形成锈迹。孔利明是修理电工，解决钢卷表面的斑斑锈迹，是他第一次进行跨部门跨领域的攻关。他启发组员一起想办法，自己动手做试验：让水形成喷雾——好像是下毛毛雨，腐蚀的面积会更大，不行！让水电解——既耗电也不安全，不行！……一连做了10多个方案，没有一个满意的。

那段日子，孔利明经常在家里做试验，弄得家里也是湿漉漉的。

正当孔利明百思不得其解时，家中《雾中黄山》的挂历让他解开了谜团：如果让水变成冷雾，在冷轧厂温度这么高的环境里，冷雾就飘走了。孔利明一拍脑袋，马上动手。他走进卫生间，用电炉对着房间进行加热，使房间与冷轧厂房内的环境相似；又加了一个风扇，让室内空气流通；接着他又利用机械振荡原理，使水变成冷雾……最后，孔利明用手在墙上一摸，一点没湿，“成功啦！”

创新小组运用这样的原理做了一个蒸发器，安装到了行车上。一年多运行下来的结果显示：多年的顽症彻底解决了。

又有一次，孔利明带着七岁的儿子去看电影《地雷战》，当看到影片中日本鬼子用探雷器满地找雷时，心头豁然开朗：做一个能找到短路点的“探雷器”，汽车短路故障不就好办了吗？想到这里他转身就往外跑，回到家里摆弄了半天，才猛然想起：儿子还在电影院里！他急忙赶回影院，放映厅里空无一人……最后在影院的办公室里，才找到早已哭红了眼睛的儿子。虽然委屈了儿子，可他的心血结晶“汽车电路短路检测器”可以使工作效率提高几十倍，荣获了中国第六届专利新技术博览会金奖！

在一些高温陶瓷材料内部实现了自我修复和自动愈合——李建保

1995年10月，李建保以中国材料学青年委员会主任的身分，发起组织了首届海外中华青年学者材料科技研讨交流会。在人民大会堂，江泽民主席接见了与会的60多名代表，并参加了座谈……

是10年前的一个重要决定成就了李建保——

1985年，李建保结束在日本国立山口大学的研究生学业，如果继续攻读结晶化学，他可以被保送到九州或大阪大学直接读博士；但他却毅然选择了报考东京大学新材料系柳田博明教授的博士生，因为只有这样，他才可以学习国家建设所急需的材料专业。

三年以后，李建保顺利通过博士论文答辩，次日他便登上了回国的班机。

李建保被分配到清华大学材料系任教。教学之余，他开始了新型陶瓷材料增韧、增强的研究。

对于自己的领域，李建保做了这样的通俗介绍：“你知道，汽车一般都是靠燃烧汽油等燃料驱动前进的，其热效率只有30%左右，也就是说，燃料的70%都被白白浪费掉了。如果能够有一种新材料，使发动机的燃烧温度由现在的800℃提高到1300℃，则汽油燃烧的热效率可以提高一倍。那么，也就可以节约近一半的汽油能源，而且还能够显著降低不完全燃烧造成的污染。现在的发动机是用金属材料斜作的，使用温度不能超过1000℃。新型的陶瓷材料可以在1300℃多的温度下使用，但由于其脆性和不可靠性，还不能满足发动机材料的严格要求。我的研究便从这里切入，最终是要找出一个有效的办法，使新型陶瓷的韧度和强度得到提升，以适应汽车和航空工业的需要。”

他想到的有效办法是要找到一种独特的陶瓷短纤维——晶须。

在实验室里，在高温合成炉里，李建保进行着艰难的实验。他将一些碳质和硅质原料放进合成炉，加入催化剂，希望能够得到他想要的那种物质。但一次次实验，却一次次无功而返。他不气馁，咬牙坚持。终于有一天，他实验成功了一种名为α相的碳化硅晶须。

这是一种在高倍显微镜下才能看到的柱状单晶体短纤维，性能优越，在世界上属于首次发现。加入这种晶须的新型陶瓷，不仅能耐1800℃高温，韧性和强度都有大幅度提高。用其制作的陶瓷刀具，寿命比同类硬质合金刀具高30倍以上……

这以后，李建保将目光转向智能材料的研究，目标是在材料内部发生裂纹或损伤时，材料自身能够发出警报；在微细缺陷和裂纹形成后，能够自动愈合修复；材料在使用过程中强度退化后，能够自行给予能量刺激，使材料回复或恢复。这种自检测自修复自恢复的智能材料的研究，在国际上属于尚未获得突破性进展的尖端课题，而李建保已初获成功：在一些高温陶瓷材料内部实现了自我修复和自动愈合。他的研究和取得的成果，在国内外同行中引起极大轰动，他也由此成为智能材料领域里的知名学者。

致力于源头性创新研究——孙方臻

孙方臻的研究生涯始于英国剑桥，而他的回国在中国科学院更是一段佳话。

1992年2月，中国科学院派出了一个海外招聘团到国外去延揽人才，中国驻英国使馆科技参赞特别让招聘团带给中国科学院领导一封推荐信，被推荐者就是当时年方29岁的孙方臻。其时，孙方臻用5年时间完成了在剑桥大学的博士学位和博士后研究，正受聘为剑桥大学动物生理和遗传所高级研究人员、项目主持人。他的研究组在有关哺乳动物早期胚胎发育研究方面，处于国际最前沿。得知他的情况，中国科学院领导求之若渴。周光召院长特别嘱咐有关人员："孙方臻什么时候回来参观，一定提前告诉我。"不久，周院长亲自接待了回国参观的孙方臻，并当面答应给他建一个实验室。第二年秋天，孙方臻如约回国；又过一年，被任命为中国科学院生物发育研究所所长。

人类如何由一个受精卵发育成为具有三维复杂结构的生命体？对这个问题的理解，将从根本上揭示人类疾病的发生、生长和衰老的调控机制。孙方臻这些年所聚焦的研究就是关于生物发育的早期事件的调控，如受精卵的发育如何启动、细胞核中遗传物质调控细胞发育的能力是如何操纵的，等等。"要想做出具有国际影响的重大成果，就必须致力于开展源头性的创新研究。"孙方臻一直抱定这样的信念。虽然少年成名，但他不是一个急于求成的人。他说，科研也像种树一样，先要选好树苗，然后要持之以恒地培土、施肥、修枝，最后才能育出参天大树。他选的无疑是一株好树苗。

被快速提拔到所长位置上时，他曾有些意外，但随即就进入了角色。他的雄心是，不但自己要做出国际一流成绩，还要把研究所建成国际一流水平的研究中心之一。为此，他的治所方略主要是两条：一是广罗俊才，营造良好的学术环境；二是扩大国际交流合作，使科研站在世界前沿。

回国以来，孙方臻已带出了14位博士和7位博士后，在自己周围聚集了一个很好的科研群体。"我们是在发挥个人创造性的同时，又群策群力来攻科研上的难题。"他说。近几年，好几个重要的国际研讨会邀请他和同事们作了特邀报告，这是对他们科研实力的一种认可。

当年，他的导师摩尔教授在给周光召院长的信里这样评价他："他不仅工作努力，而且明显地表现出他有开展具有国际声望的、最高水平的工作的能力。”导师言犹在耳，孙方臻一直在努力做着证明。

创新先锋——陈有德

2008年10月21日，中共中央胡锦涛总书记在北京人民大会堂接见中华全国总工会第十五届领导班子和部分工会代表时，专题听取了义乌市人大常委会副主任、市总工会主席陈有德同志关于义乌工会社会化维权的汇报，并亲切接见陈有德同志。10月22日，《人民日报》头版头条刊发了总书记会见陈有德同志的照片。一名普通的工会工作者定格在中华人民共和国领导人的身边，让他的生命绽放了七彩的灿烂，让义乌的“工运之梦”谱写了新时代“创新维权”的篇章。

“血案”引发的新思考

自1998年9月~2000年5月28日，义乌大陈、苏溪新厅、廿三里下骆宅等地先后发生4起劳动纠纷血案，杀死老板娘2人、小孩子3人，外地农民工2人，务工者杀人后跳楼自杀1人。

这4起血案发生的原因其实并不复杂，一起是人格受辱，报复杀人；两起是支付工资、生活费引发矛盾；一起是企业因食堂管理不善而引发农民工冲突并杀死两人。

上述4起血案都发生在企业，引发动因皆在劳动、劳资矛盾。1998年10月才来义乌市总工会出任主席的陈有德深感自己肩上担子沉重，通过工会参与现场处理后，他觉得解决问题的突破口在于把农民工“组织起来，切实维权”才能阻止恶性事故的发生，于是他果断地做出两个决定：①尽快总结苏溪工会组建试点经验，创新维权机制建设；②迅速开展全市性非公企业劳动用工调研，配合劳动局相关职能部门，找出问题症结，及时上报市委，采取应急举措。

通过工会常委扩大会议，工会决定由常委带队，分成6个调研工作组分赴6个乡镇，抽样600家企业进行劳动用工和工资发放情况调研。

工会人员经过社会调研，在新建600家乡镇企业中，存在组建工会的企业少，绝大多数的个体企业主和工商户都不知道工会为何物；劳动用工奇特，大多数是外地人；企业用工极不稳定，一年以下工龄者占大多数；劳动工资发放极不规范，95%非公企业工资按季发、半年发甚至年发。由此，陈有德更清醒地认识到市场经济新形势下的劳动用工有显著的两个特征：一是文化层次低、技术水平低、法制观念弱；二是雇佣劳动观念强，利欲驱动观念强，安全生产、自我保护意识弱。

基于上述两个原因，非公有制企业最突出的矛盾、最棘手的问题就是劳动关系不稳定，职工跳槽多，务工者流动多，工作岗位变换多。这“三多”是引发劳资矛盾和纠纷，企业不和谐，劳动关系不和谐的根本动因所在。

上述劳动用工现实让陈有德感到工会的“四项职能”应在“解放思想，创新维权”中实现升华；应在“大化爱民”、“大化维护”中突破传统思维，才能实现“工会工作社会化”的新突破；才能在改革开放的社会实践中，为义乌工运事业的发展，开创一片灿烂的新天地。鉴于此，陈有德锐意在四个方面开展“工运创业”和“工会维权”的有效尝试和大胆实践。

其一，从“企业社会责任”上进行创意。义乌总工会决定从启发教育生产者与经营者明确双方各自的“权利和义务”入手，强调只有各自“责任到位”才能使双方“权益到位”。陈有德指出：“当前工会工作的重中之重是要从根本上改变思想认识上的‘三个误区’，让工会工作的社会‘调节器’和‘稳压器’作用凸显出来。”因此，一要教育经营者改变“建工会只替职工说话，专与老板过不去”的错误认识；二要引导务工者改变“只要权利维护，不讲义务尽责”的普遍认识；三要从工会“依法办实事，依法办好事”入手，改变只靠“厂规厂纪”制约人的做法，要多从感情投资，改变企业与职工关系上，使双方都增强对工会的信任感这个基础上，做实“权利与义务”的“大文章”，让共同的“社会责任”意识渗透到企业、职工的心坎上去。

这个创意，体现了陈有德20余年来农村工作的一贯做法，他把“人情投入”看成是做好工作的第一要素。这是陈有德的“高明之处”、“成功之处”和“过人之处”。

其二，从建立地方政府“领导责任”体制上进行探索和创新。陈有德说：“工会领导应以‘源头参与’为立足点开展工作；地方政府领导应以强化地方政权建设、促进社会稳定为出发点支持工会工作；企业领导应以稳定自己的劳动用工，促进企业发展来重视工会工作。”这是陈有德苏溪试点经验的总结和升华，也是义乌工运事业的开发和创新。

在苏溪镇的联合工会试点建设中，实现了工会工作的新突破。苏溪镇党委、镇政府、镇企办、工商所、财税所、派出所、土管局、供电所、信用社、市总工会形成前所未有的“十家”单位联合议事，联合行文，联合致“私企工会组建公开信”，联合成立工作组，联合上门服务，刷新了“社会化联合”的新亮点；同时，这种“社会化联合”，使企业经营者明白“抓组建、促发展”，构建和谐企业、和谐劳动关系的重要性和必要性，形成了全镇上下“齐抓共管一起上，真抓实干促和谐”的强大社会氛围。

工会工作的这一创举，为总工会构建“工会工作新格局”和“工会维权社会化”的新模式奠定了坚实的基础。

正是在这种“社会性”意识的支配下，陈有德果敢地冲破传统思维定式，在苏溪镇联合工会试建中，大胆实现了镇党委分管工业的书记、镇企办主任、镇工商所长、镇工委主任分别兼任联合工会主席、副主席、秘书长等要职，各系统、各行业企业中层管理骨干、车间主任等以企业工会主席身份担任了联合工会的委员；公司、企业都有代表性的厂长、经理被诚聘为联合工会特邀委员，形成了“市县工会、地方政府、基层企业”三方领导相互协作的“共管机制”。这是一种前所未有的“工会领导体制”的创新。

其三，从“党工团共建”的组织机制上进行实践和创新。陈有德认为，“以党建带工建”的办法有利于加强对职工的思想政治教育，也有利于充分发挥企业党员的作用。在试点中，陈有德以“敢”和“放”为动力，要求苏溪镇的各家企业老板各显神通。

义乌市中南制衣有限公司、浙江开帝制衣有限公司等工会以“企业就是我的家”为主题，开展了党员、职工“以厂为家，爱岗敬业”教育，从建立企业利益共同体上进行实践。

浙江中天制衣有限公司、华神制衣有限公司等“以党工团共建”为抓手，开展了“优胜劣汰，效益第一”为宗旨的市场经济新观念教育来建设企业利益的共同体。

浙江“幸运马”和“好派”服饰有限公司等一批上档次、规模较大的企业，实施了工会定期与不定期思想政治工作“动态式”管理与教育。他们除制定正常的职工班组、车间学习制度和季节性例会集中教育外，遇有特急性加工任务，或职工思想产生某些倾向性时，工会即随时召开职工会议进行集中教育和认真解决。有时全体会议，有时部门、车间座谈会，通过群策群力的办法把劳动矛盾、劳务纠纷解决在萌芽之中。

上述这些“突破常规”“敢作敢为”“敢为人先”的做法，最终赢得了大家的好评。

在建立劳务纠纷处理“应急小组”上进行“求真务实”的探索和创新。陈有德认为，镇联合工会应以帮助企业和职工解决实际问题为己任，努力办实三件事：一是密切联合镇党委、镇政府、上级工会把工会维护和工会工作的政策落在实处；二是努力帮助企业主动向政府有关部门反映企业发展和建设上的一些热点问题，协助企业解决一些难点问题；三是当年关、春节或某些带有苗头性、倾向性劳资矛盾发生时，即以政府、工会协同组织的应急小组人员，积极上门服务，召开现场办公会议加以解决。陈有德说：“作为企业工会，说十句好话，不如办一件好事；作为联合工会，走十家企业，不如办一件实事；镇工委、镇联合工会和企业工会要把做好各种劳动矛盾的协调工作作为首要任务来抓……”

陈有德认为苏溪试点首创的“六必办”矛盾调处的工作机制，可以在全市推开。

这“六必办”是：当天发生的事情当天办；分内的事情主动办；法律规定的事情严肃办；政策允许的事情及时办；跨部门的事情创造条件办；难点、重点、复杂的事情组织协调、共同商量办。

功夫不负有心人，当年苏溪镇的“组织起来，切实维权”的试点在实践中凸显了空前的社会效果。据不完全统计，自1999年8月苏溪镇成立联合工会以来，全镇私企劳动关系发展态势很好，彻底消灭童工使用现象：彻底改变了三五人以上群体上访事件；个别上市劳动局监察大队反映情况的也只有5人次。劳动关系的稳定和社会治安现象，创苏溪镇有史以来最佳状况。

超越自己才能勇往直前

有人说，人的价值在于超越自然，也有人说在于超越别人，陈有德却说：“超越别人，并不重要，重要的是超越自我。”这就是陈有德人生轨迹中的闪光点！

如果说苏溪镇联合工会的筹建是陈有德“超越”的注脚；那么“义乌市非公企业工会试点工作的推广”则是陈有德“自我超越”的一个最好例证。

1999年11月18日，义乌市首家新经济乡镇联合工会在义北工业重镇苏溪镇挂牌成立，金华市总工会、义乌市委、市政府及全市各乡镇党政一把手全都参加了这个工会工作具有标志性意义的大会。会议结束后，全体党政领导合影留念。历史定格了闪光的一页。

作为苏溪镇的新经济组织的首届联合工会，在委员们的建议下，陈有德也准备留下“难忘的一页”。但是当他前往邀请金华、义乌市市委领导时却被婉言谢绝了。虽然当时话未明言，但陈有德心里却忐忑不安，似乎感到这个“新生事物”有某种“超越”和“突破”，或者自己有什么“失误”，陈有德开始对自己有点不自信了。

嗣后，陈有德曾与笔者一起细品过这个“插曲”的缘由：①陈有德在大会联合会报告所挺酌为新建非公企业“双维护”中发挥工会作用的提法，语意超重；②联合工会让镇街工业分管书记、工商所、派出所、企管办等领导兼职工会干部，这是史无前例，带有某种“规范”的超越；③特邀企业界几位厂长、经理为“特邀委员”，创意“过犹不及，不合时宜”；④“党工团”在非公企业共建，时机尚未成熟，虽然党的十五届四中全会决定中已把“个体私营经济”定位为“社会主义市场经济的重要组成部分”，但是非公企业主的身份未定，能否列入党建尚是未知数……总之，对试点工作的“四大创意”，领导还心有余悸，共同的感觉是义乌工会的“创新”有点“离谱”……

然而，面对领导的“压力”，陈有德却觉得这“压力”可以变为“动力”。他心想：“邓小平的‘三个有利于’就是我最好的理由，虽然有些规定、某些规章没有定论，但是对人民有利，对企业经济发展有利，对构建和谐劳动关系、和谐企业有利的东西为什么不能突破？只要对老百姓有利的事，我铁定的心是永远不会变的。”于是，陈有德坚持走了三步棋，终于跨越了“自我”。

第一步：让“过河卒”发挥作用。在1999年11月18日苏溪镇联合工会成立后，他指令工会组宣部于1999年的12月8日对苏溪镇下达了［1999］45号《关于成立义乌市衬衫厂等191家有一定规模的非公企业工会第一届委员会的批复》，让已经过河的卒运动起来，在下水游泳中练就勇气和胆略，学会游泳，战胜自我。

第二步：出“车”将军，迫“将”出阵。他把自己的想法向当时的中共义乌市委领导做了专题汇报，并按照工会与市委、市政府联席会议制度的“协议规定”，他“有理、有节、有据”地提出申请，请求召开“市委书记办公会议”，认真听取一次“工会工作”的专题汇报，要求把“苏溪镇的试点经验”在全市非公企业中全面推广，获得了市委多数领导的认可和通过。

第三步：“兵贵神速，分头击破。”陈有德和笔者接连熬了7个夜晚，草拟了《新建非公企业工会组建实施意见》，同时提出申请，要求以义乌市委名义下发；同时，建议在佛堂蜜蜂集团公司召开全市试点工作推广现场会。市委同意这一做法，并下达了市委发［2000］7号、8号文件，既同意了《新建非公企业工会组建实施意见》，还组建了以义乌市市委副书记、副市长为正副组长，各局、镇街13名正副局级领导为组成成员的“非公企业工会组建领导小组”，实现了义乌工会工作一次前所未有的跨越。

面向大众消费定位的顶级服装设计大师——皮尔·卡丹

著名服装品牌“皮尔·卡丹”的缔造者皮尔·卡丹，是法国乃至世界上最伟大的服装设计大师。1992年，作为唯一的服装设计师入选精英荟萃的法兰西学院，成为终身院士，不仅如此，他还建立了以服装、餐饮、家具等几十种产业组成的卡丹帝国。

皮尔·卡丹先生绝对是一个传奇人物。他的传奇首先在于他的奋斗历程：从赤手空拳几乎是一无所有到世界顶级服装设计大师；他的传奇还在于让高档时装走下高贵的T形台，让服装艺术直接服务于老百姓；他的传奇在许多人看来是他的商业成就，因为世界上几乎没有像皮尔·卡丹先生那样的先例，集服装设计大师与商业巨头于一身，他的商业帝国遍布世界各地。

在全世界，不管是名门望族还是普通百姓，都以穿他设计的衣服为荣。从一个穷苦人家的孩子，到世界服装业的霸主，他走过的路程是艰难而崎岖的，几经沉浮，才有了今天的荣耀。

1922年，皮尔·卡丹出生于意大利的威尼斯近郊。父母以种植葡萄为生，第一次世界大战结束后，举家迁往法国。当时皮尔·卡丹只有两岁。他父亲不会法语，在法国找工作相当艰难，家境也很贫困。

从很小的时候起，卡丹就表现出对服装异常的敏感和兴趣，尤其是在设计方面显示出了极高的天赋。他经常痴迷地注视着百货商店的橱窗，比较新款服装，还在本子上画一些新奇的样式，自娱自乐。

1934年，卡丹开始在一个小裁缝店当学徒，从此，他迈出了服装设计的第一步。从1945年起，卡丹先后在巴黎的“帕坎”“迪奥”时装店搞设计。5年之后，他在巴黎时装界闯出了名堂，终于开办了自己的公司。

法国高级时装是一个限制极严、顾客有限的特殊行业，整个巴黎只有有限的服装企业称得上高级时装公司。这些公司全部都是为贵妇名流服务的，有的衣服甚至只生产一套。针对这种情况，卡丹却不甘墨守成规，他认为高级时装只有面向众多的消费者才有出路。因为只有扩大消费面，才可能使它产生普遍和广泛的影响，才可能经受更为有效的考验。

而当时战后的法国，经济迅速复苏，大批普通妇女开始冲出家庭的樊篱，融入社会生活之中，整个欧洲的社会消费大增。卡丹敏锐地捕捉住这一机遇，毅然提出了“成衣大众化”的口号，把设计重点放在一般消费者身上，让更多的妇女和男士买得起、穿得上。这是一个历史性的突破，不管是从社会意义上看，还是从服装本身的意义上看，它都算得上一个划时代的壮举。

“成衣大众化”在商战中是出奇制胜的妙计，而在服装界则是一种创造性的改革。它的意义远远超过了本身，它对整个社会的经济发展、消费结构都产生了深远的影响。

但卡丹的这一大胆创举，却惹怒了保守而又嫉妒的同行，他们群起而攻之，说他离经叛道、有伤风化，更让人意想不到的是，他们竟联手将卡丹逐出巴黎时装女服装业。面对世俗的偏见和同行的嫉妒，卡丹没有屈服退缩，而是一次又一次使出奇招妙计，攻克和占领时装界的一个又一个阵地。

更可贵的是，卡丹没有停止改革的步伐。在他之前，法国时装可以说是女人的领地，根本没有男人的一席之地，但拥有意大利血统的卡丹却不信邪，继“成衣大众化”之后，他又掀起了一股男性时装的旋风，在那些被女性时装长期垄断的橱窗里，开始出现充满阳刚之美的男性高级时装。

紧接着，卡丹的系列童装问世，并迅速占领了整个欧洲市场。他所设计的童装怪诞离奇，极富幻想力，仿佛一幅幅童装图案就是一个个儿童的神话和梦想，这不仅打破了传统童装单调、平淡的陈旧形式，而且使落后的法国童装与高级时装一起走向世界。

卡丹的成功惊动了整个法国，有报纸在头版用《卡丹时代已经到来》为题，称赞了他的成功。1962年，法国服装业行会在巨大的压力下，把代表法国服装业发展趋势的卡丹请了回来，还让他出任主席，直到今天。50多年来，皮尔·卡丹一直是服装界成功的典范，也是一个闻名全球的品牌。适应改变已经成为人们的基本思维和行为背景，是不得不面对的生存法则，谁都无法逃避。青少年也不例外。

时代的飞速发展给人们提出了严峻的挑战。在这个瞬息万变的时代里，每个青少年都必须知道，很多先进的东西在推动甚至创造着人类进步的同时，却往往由于其自身进步的缓慢不能顺应时代发展而成为文明的牺牲品，如中国历史上曾有过火药、造纸术、印刷术、指南针四大发明。

时空的变迁，使得过去大量成功的经验乃至科学已成为今天前进的羁绊，甚至成为惊醒失败之神的丧钟，如果坚持一成不变，许多仰仗心血与汗水苦心经营而浇铸的事业可能在一夜间化为乌有。青少年们应该吸取历史上的此类经验教训，顺应时代发展，积极适应一切变动。

只有创新才有出路——汤其伟

“如果企业不创新，不能生产出让客户满意的高质量产品，这个企业就没有生路。”这是郑州纺织机械股份有限公司总经理汤其伟的信条。

1984年，汤其伟从天津纺院毕业分配到郑州纺织机械股份有限公司，他从纺机设计开发干起，历任设计室主任、郑纺机副厂长、总经理、党委副书记，凭着不断开拓创新的信念和魄力为企业长足发展做出了贡献，因而成为全国纺织行业的劳动模范。

汤其伟在创新的路上收获颇多：他参与研制的FAl42型单打手成卷机，获得中国纺织总会科技进步三等奖。1999年，他获得桑麻科技奖；他主持设计的FA224型梳棉机，获省科技进步二等奖；2002年、2004年，他被评为中纺集团十大杰出青年；2005年获得中国纺织工业协会科技进步三等奖。

在他的积极倡导下，企业建立了梳棉机总装线，月产量从8台迅速提高到300台。2005年3月，受化纤市场萧条等因素影响，以化纤设备为主的郑纺机一度经营困难。此刻，汤其伟接任郑纺机总经理，他根据市场和企业情况，提出“化纤突围，棉纺增量，做强浆纱，多元发展，以诚为本，以德兴企”的经营策略。在他的努力开拓下，为洛阳实华合纤公司制造的年产5万吨涤纶短纤维设备打响了第一炮。随即，另一套年产6万吨涤纶短纤维生产线在江苏吴江投产运行；2006年7月，3条年产5万吨涤纶短纤维生产线在印度安家落户。就这样，汤其伟上任的当年，完成销售收入16．99亿元，实现利润1935万元。第二年公司再上台阶，完成销售收入19．52亿元，实现利润2690万元，各项经济指标均创历史新高。2007年，企业各类产品齐头并进，新签和新增生效合同双超14亿元……汤其伟的技术创新和经营开拓成为企业宝贵的发展力量。

创新无处不在——张忠和

张忠和是中石化南华公司化机厂的一名普通职工，从初中文化自学到本科水平，做了36年的质检工作，也做出了一个个创新之举。

在张忠和看来，创新不仅仅是科技人员的事情。蓝领也可以创新，而且应该创新。

他所从事的材料质检，因为总是有大量的新产品、新工艺和新材料的使用，所以，他的岗位总有一种鲜活流动的氛围。在他看来，创新首先是要有大胆的设想。再有细心的行动，反复的试验，认真落实技术，就会有一定的绩效；退一万步，即便失败了，也是一次经验的累积。

平时的细心观察，让张忠和总结了检测同一个材料的多种操作方法。在日常工作中熟练应用这些经验，大大提高了材料的检测速度，也降低了检测成本。

一次，在检查进口材料的过程中，他使用了自己创新的安薄质检法，结果判定出了材料不合格，这让国外的材料商很不满意，也引起了大家的怀疑。有些人说，你又不是什么技师，凭你那些土方法就质疑国外先进的东西？

但是，张忠和坚信自己的检测结果是正确的。他郑重承诺：如果是自己检测的问题，愿意承担一切后果。结果样品被送到国外检验单位重新检验，果然是不合格，外方赔偿了1000多万元的损失。

创造不可复制的直销模式——迈克尔·戴尔

迈克尔·戴尔曾是世界上最年轻的亿万富翁之一，他创办的戴尔公司全球电脑市场占有率第一，是世界领先的电脑系统厂商。

迈克尔·戴尔1965年出生在美国得克萨斯州休斯敦市，从小天资聪颖，人称小神童。1973年，当时还只有8岁的戴尔看到了一则广告，说经过一种专门考试，就可以免除不必要的环节，直接拿到高中毕业文凭。他马上就拿起电话申请，希望能更快更好地解决自己的高中文凭问题，直接进入大学。无论是测试公司的人还是戴尔的母亲都认为那只是戴尔的一个恶作剧而已，谁也没有想到的是，这次经历却深深地影响了他日后的商业操作理念。这种着迷于消灭中间环节的个性，可以为未来戴尔越过中间商，创新地实施直接销售找到某种程度的解释。

在12岁那年，戴尔进行了人生的第一次生意冒险——为了省钱，他不想再从拍卖会上买邮票，而是通过说服邻居把邮票委托给他，然后在专业刊物上刊登卖邮票的广告。出乎意料的是他赚到了2000美元。这是他一生中的第一笔买卖，也是他第一次认识到消除中间商的巨大威力。在尝到少年时直接销售的甜头后，戴尔在以后的创业尝试中，把这一“直接模式”发挥得淋漓尽致。

初中时，戴尔拥有了一台苹果电脑，并迅速将兴趣转向电脑背后的商机。不久，他注意到了商业用途更多的IBM个人电脑。他热切地学习一切有关电脑的知识，利用卖报纸所赚到的钱来购买电脑零部件，然后将电脑改装后卖掉，获取利润，接着再改装下一台。

这期间，他发现电脑的售价和利润空间很没有常规。一台售价3000美元的IBM个人电脑，零部件可能只要六七百美元就能买到。而且，大部分经营电脑店的人不太懂电脑，并不能为顾客提供技术支持。而他当时已经在买进一模一样的电脑零件，并把电脑升级后卖给认识的人。多次交易后，戴尔脑子里涌现了一个想法：只要自己的销量再多一些，就能够跟那些电脑商店去竞争，因为没有中间商，自己改装的电脑不但有价格上的优势，还有品质和服务上的优势，即能够根据顾客的直接要求提供不同功能的电脑。这也启迪他日后创造了“比顾客更了解顾客”的市场细分战略。

1984年，戴尔从学校退学，在奥斯汀一间办公室开设了自己的公司，命名为戴尔计算机公司。随后的几年，戴尔公司从一家名不见经传的小公司不断壮大，成为PC界举足轻重的新盟主，它的实力已与康柏、IBM这些业界元老们难分伯仲。这多半要归功于戴尔推行的低价直销经营策略。

戴尔的成功，其中最突出的也是不同于一般公司的是：戴尔公司迅速崛起并不是依靠领先的技术，它依靠的是一种观念、一种商业模式，而且更难能可贵的是这是一个并不被普遍看好的模式。实际上，戴尔公司从诞生之日起，就一直被各种非议和潮流所包围，但是戴尔却不为潮流所动，而是抓住市场新苗头，预测市场变化，引导新的需求，正所谓取人之弃，独得其利。

1997年，32岁的戴尔已经成为得克萨斯州的首富。《财富》杂志将戴尔评为美国40岁以下最富有的人。据《财富》杂志称，他个人净资产高达214.9亿美元，“足够为每一位美国中学生购买一台电脑”。

戴尔之所以能取得今天的杰出成就，与那些神奇的软件和芯片并无太大联系，而是在于戴尔敢于逆流而上、取人之异。他最为世人所瞩目的一个伟大创举就是将大型计算机市场的营销策略成功地应用在了个人电脑市场之中，也就是通过直销进行产品销售，而这起源于他在生活中的留心观察。

由于戴尔公司富有创意的营销方式，使得它的库存周转次数是它的竞争对手的一倍多，这使得戴尔公司在占据市场方面具有了一种其他竞争对手所不具有的优势。

根据分析家的预测，PC机直接销售的份额将进一步增加，增长率也许将以原份额的50%递增。这也正符合了戴尔的预测："将来的客户将越来越偏爱直接购买，而且直接购买能为客户提供更满意的服务。"

靠发明技术创造奇迹的传奇人物——本田宗一郎

1906年11月7日，本田宗一郎出生于日本静冈县的一个铁匠之家。村庄的偏僻和家境的贫寒使本田宗一郎小学刚毕业就不得不自谋生计。他没有听从父亲的安排子承父业，而是只身一人来到繁华的东京去寻找更广阔的天空。

本田宗一郎从小就迷恋机器，为实现摆弄汽车的愿望，他应聘到一家汽车修理厂做了帮工。长达6年的帮工生涯，使本田宗一郎全面掌握了汽车的修理技术。1928年，22岁的本田宗一郎自立门户成立了一家汽车修理店。此后，本田宗一郎又改修理店为以制造汽车零部件为业的工厂，起名为东海精密机械公司。不料一场大地震毁坏了东海精机的全部厂房和机器。

然而善于捕捉商机的本田宗一郎却绝处逢生，作为一个技术员出身的实业家，本田宗一郎不仅有极其旺盛的创造热情和能力，而且还有一种与众不同的超凡预见能力及冒险精神。他明白只有使发动机有力、耐用、廉价，才能使所产摩托车销量增加，为此他进行了数百次试验，最终利用微型发动机组装摩托车，并成功地研制出A、B、C、D型发动机。1947年底，本田公司正式成立。1949年，完全由本田宗一郎研制的第一辆本田摩托车诞生，被命名为"理想"号，这是本田跨出成功的第一步。

此后，本田宗一郎不断进行技术革新，一切从用户利益着想，研制出高功率、高性能、低污染的几代摩托车产品，逐步占领并风靡日本以及美国等海外市场。1961年，本田赛车在TT世界超一流摩托车大赛中荣获冠军，本田公司生产的摩托车跻身世界最先进技术行列。

面对登峰造极的成功，勇于开拓的本田宗一郎决定攀登第二座更艰险的高峰，那就是参加F1汽车大赛。经过不懈的努力，1965年本田赛车夺得了墨西哥F1大赛的冠军。此后，凭借低公害发动机CVCC的研制成功，本田在汽车行业同样取得令人瞩目的成绩。

同其他蜚声全球的企业家相比，本田宗一郎完全是靠技术取得成功的。本田摩托车受到用户青睐，主要是因为其技术总在不断革新，始终代表国际先进水平，并且型号种类齐全，能够满足用户各种需求；本田汽车也因其高技术低公害发动机的开发成功，独具特色地立于世界汽车之林。而这一切主要归功于创始人本田宗一郎。这位被誉为“摩托之父”的产业巨子虽不如松下幸之助那样擅长企业经营，却是位伟大的发明家。虽然只受过小学文化程度的教育，但他一生却获得了150多项专利。

美国机械工程师学会设有一种荷利奖，专门用于奖励那些在机械工程领域做出了杰出贡献的人。迄今为止，该奖项一共颁发过两次，1936年奖励了有“汽车大王”之称的美国人亨利·福特；1980年奖励了日本人本田宗一郎。据此，人称本田宗一郎为“日本的福特”。

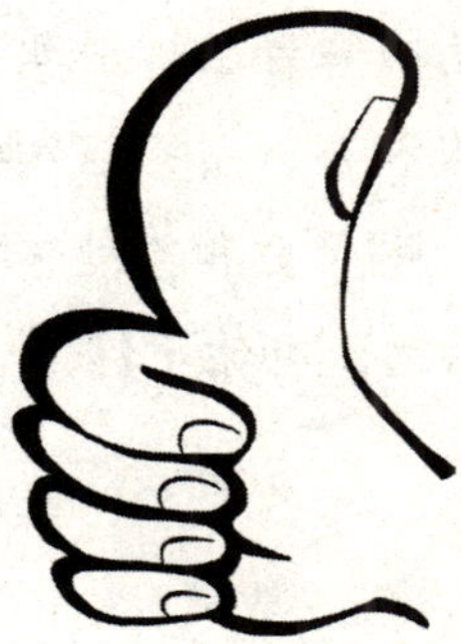

第八章

创新实现人生理想

我们立在锐意创新的舞台上，用理想和信念来支撑自己的精神；用平和与宽容来看待周围的人和事；用知识和技能来改善自己的生活；用理性和判断来避免人生的危机；用严厉和冷酷来改正自己的缺点；用激情和毅力来实现自己的理想。创新永远没有休止符，它会带领我们走向更遥远的地方。

创新是一名科学家最本质的特性——张玉卓

1999年7月，作为中国煤炭业唯一综合性科研机构的煤炭科学研究总院，转制为中央直属国有重要骨干企业。年仅37岁的张玉卓，被任命为院长。

他以前瞻性的战略目光，将煤科总院发展锁定在高新技术企业上，联合国内优秀企业成立了天地科技股份有限公司，并争取上市，同时从法人治理结构、企业发展战略、组织结构调整、分配制度改革等各个方面实施体制和机制创新。

在短短一年半时间，煤科总院顺利完成了向企业的转制，并朝着建立现代企业制度，加快经济发展的高速路迈进。在这过程中，张玉卓展现了一名优秀企业家的管理才能。

此前的张玉卓是我国煤炭科学领域的一名优秀科学家，29岁时就被国务院学位委员会和国家教委评为“做出突出贡献的中国博士学位获得者”，并获中国煤炭学会首届青年科技奖。

他还曾任兖矿集团副总经理，是一位专家型的企业家。

他以实践和行动实现了走出大学校门时的诺言：把青春和智慧全部奉献给煤炭这个为人类创造光明的事业。在矿山一线，煤矿工人亲切地称他为“矿工博士”；在煤炭科技界，他得到了包括老一辈科技专家在内的同行们的尊重。

对张玉卓来说，爱国是他生命中的最骄傲部分。他在英美从事研究与讲学期间，因其杰出表现引起国外同行的关注，南伊利大学提出长期聘用，并许以教授、研究室等优越的科研、生活条件，而且他的妻子也在美国读书，但是当国内工作需要时，他还是毅然回国。面对一些人的不理解，他说：

“我的事业在中国的煤炭，这是外国无法提供的条件。”

张玉卓把为中国的煤炭事业奋斗作为自己生命的支点。他深入矿山，潜心从事煤矿地表沉陷和控制研究，提出了煤矿地层模糊本构理论，将模糊子集理论全面引入岩石力学领域，导出了包含模糊参数的内时本构关系，建立了岩石力学模糊系统理论，将岩石力学理论推进到一个新的水平，为国际首创。同行们称他为“模糊王子”。

张玉卓认为，创新是一名科学家最本质的特性，为此他创立了煤科总院青年创新社，积极倡导创新行动。他要将创新作为煤科总院的科研动力，以期将中国的煤炭科学事业推向一个新的水平。

打破传统的旅游方式——蒋建宁

蒋建宁在23岁时就已经是一名正处级干部了。他毕业于北京师范大学经济系，后留校当了团委书记，不久又转业当副总务长、副秘书长，主管着学校的财务、行政、科技产业等诸多事务。正当人们对他在学校的“仕途”都很看好时，他却“扑通”一声下海了。“当今社会，经济是主旋律，我不能游离在主旋律之外，个人的内在素质提升对我来说是最紧迫的。”这是他说了无数次的理由。于是，他先后有了北京国安电气公司副总经理、中国人保信托投资公司助理总经理、北京创格科技集团总裁等一系列的身份，这些工作经历的积累在他入主中青旅之后非常综合地发挥了出来。

1997年11月，蒋建宁出任中青旅控股股份有限公司总裁。此后三年，中青旅不但成功地成为中国首家A股上市的旅行社，而且每年保持50%左右的增长速率。这期间，蒋建宁引入国际风险投资，建立电子商务公司，创办了综合性的旅游网站“青旅在线”，前台的因特网平台充分发挥着网络营销的巨大作用，为旅游者提供方便快捷的旅游服务，后台的旅行社则主要从事具体的市场调研、产品开发、接待保障等环节。旅游网站与旅行社业务相辅相成，形成了一种崭新的旅游经营格式，初步塑造了网络旅行社的雏形。接着，他又率先将国际上“连锁经营”的概念引入到旅行社业务的经营范畴中，在北京投资建立了12家中青旅连锁店，直面消费者，解决了旅游者在文化层次、消费层次、年龄等各个方面的个性化需求，并打算日后在上海、广州等地大规模“克隆”这种形式。

蒋建宁认为，目前中国的旅游企业并未完全建立真正符合市场要求的运作方式，旅行社还局限在作坊式的模式中，个性化、散客化的旅游正在成为现实的巨大市场，旅行社若不把握这种变化，早晚会落伍，而发展连锁经营是现代旅行社适应旅游消费需求而形成的一种国际化趋势。连锁店的推出，能够使企业品牌和服务更加贴近消费者，它改变了过去那种“小旗挥舞下的半军事化”的旅游方式，使旅行社真正成为消费者身边的旅行助理。

在进入经济领域的8年里，蒋建宁觉得最满意、也最具挑战性的，就是作为主持者，亲手把中青旅这样一个传统的、纯粹的国有企业用3年的时间改制成了一家市场化的、充满活力的、公众的上市公司。

对21世纪中国旅游业的前景，蒋建宁充满信心。他说，据世界旅游组织预测，到2020年中国将成为世界第一大旅游客源接待国，同时中国还将成为世界第四大旅游客源输出国，旅游业将成为中国的支柱产业之一，中国将由旅游资源大国向旅游强国转变。在这一转变过程中，旅行社的经营作为旅游业的重要组成部分，将起到很大的促进作用。

“居安思危，只争朝夕！”这是蒋建宁长期的座右铭；现在，他又把这个座右铭当成了管理企业的一种理念。在这一理念的鞭策下，不断创新出新的模式，他到底会使中青旅发生些什么变化，进而影响中国的旅游业，我们拭目以待。

以创新为经济寒流增暖——楼红龙

经济寒流来了，许多企业都觉得冷！尤其是一些中小企业“冷”况更甚。采取什么措施，才能安全地度过这个不寻常的经济“寒冬”。

2008年11月29日，由杭州法莱利化工涂料有限公司倡议并协办、中国涂料协会承办，在广西北海召开了中国涂料中小企业生存与发展研讨会。北海，这个位于我国南部边陲，直接濒临北部湾大海，有着新兴的海港和渔业基地的城市，也为这个全国性的会议在这里举办而显得更为兴旺。在这个会议上，浙江省建筑装饰行业优秀企业家、杭州法莱利化工涂料有限公司总经理楼红龙在大会上作的“小公司、大联盟、工厂连锁、科学发展1358战略联盟模式——法莱利涂料公司营销模式创新”的发言引起了与会者极大的兴趣，中国涂料协会秘书长予以高度的评价。

楼红龙，一个从东阳乡村走出来的打工者，他创办的杭州法莱利化工涂料有限公司已连年荣膺浙江省涂料市场十大优秀供应商、浙江省建筑装饰行业百强企业等荣誉；通过几年的研发和创新，至2009年夏，公司已有十大系列200个以“法莱利”命名的装饰涂料产品，全国有5个生产基地、20多家加盟工厂；产品被评为浙江省工程建设领先产品，浙江省涂料市场销量、质量、服务三满意品牌，浙江省首批工程建设质量领先产品，中国绿色环保百佳畅销产品和中国著名品牌。产品通过ISO 9001质量体系认证。楼红龙个人被杭州市政府评为“杭州市外来优秀建设者”，浙江省建筑装饰行业授予他“浙江省建筑装饰优秀企业家”称号。2008年，楼红龙被杭州市西湖区授予第三届职业技能带头人称号，享受政府特殊津贴。在经济寒流中，他的企业由于具有高度的社会责任感，被杭州市政府授予“社会责任建设先进企业”

称号。

在国际金融危机的影响下，国内许多企业处于停工半停工状态，有的甚至面临倒闭。而楼红龙的杭州法莱利涂料有限公司却在经济寒流中溯流而上，依靠创新开拓出新局面，企业继续保持稳步发展的态势。

信心比货币黄金更贵重

和许多企业一样，杭州法莱利涂料有限公司2009年的生产经营并不一帆风顺。在国际金融危机的影响下，房地产行业受到重拳打击，与房地产行业紧密关联的涂料产品销售受到重挫。在困难面前，楼红龙并没有退缩，而是坚定地相信：危机，是一种威胁，又是一种机遇，依靠企业的开拓创新，一定能走出困境。楼红龙的自信并不是凭空作秀，而是他长期磨砺的结果。他历来相信，事业垂青于奋斗者。世界上几乎没有创业者是平步青云、马到成功的。山之妙在峰回路转，水之妙在风起波生。一个人只有在经历曲折坎坷之后，才能开阔眼界，提升胸襟，取得成功！他16岁时就跟随叔叔从东阳到杭州打工，干过蒸饭送饭杂事，学过泥工。18岁时，曾只身跑到内蒙古自治区的扎鲁特旗闯荡，在一个建筑队里干泥工活，曾干得10个手指头的皮都磨破了，血淋淋的也未言放弃奋斗。他知道，要驾驭生活，必须掌握驾驭生活的技能。于是开始钻研知识，白天打工，晚上就着昏暗的灯光认真阅读有关书籍，先后获得了施工员、技术员、质量管理员、预算员、项目经理资格和大学文凭，2003年获得高级营销师等职称，为他日后的发展打下了基础。

杭州法莱利涂料有限公司在2009年遇到经营困难之际，他懂得，乐观自信比货币和黄金更贵重，办法总是比困难多。面对暂时的困难，他率领员工天天高唱《法莱利之歌》和朗诵《法莱利员工誓言》：“我是法莱利人，我热爱自己，热爱工作，我友爱同事如同兄妹，我的才华在工作中闪光。我们要努力工作，明确目标，鼓起勇气，克服困难，完善自我。我从来不说我没有办法，我要在工作中寻找办法。我们上班来了，将以——真诚的热情、饱满的精神、微笑的服务，迎接客户的到来，为法莱利事业尽最大的努力！展望明天，开创未来，让我们从现在开始！”公司全体员工，团结一心，迎战困境。

独创1358战略联盟模式

在困难面前，“天上不会掉下馅饼”，靠的是调整发展战略，寻找发展机遇。楼红龙认为，一个企业的发展不能脱离社会孤单而上，而是要把握“天时、地利、人和”的机遇，天时——经济运行规律性和国际经济宏观世界；地利——国内和行业经济运行状况；人和——社会人脉资源和企业内员工精神状态。他感到中国目前的涂料公司，大多是中小型企业，市场知名度不高，品牌不响，在国际知名品牌大举进攻的态势下，市场竞争力相对较弱。但如果采用一种有效的方式，把分散、处于自然状态下小企业组织联合起来，就能大大提高市场竞争能力。他在杭州西溪街道工会的支持下，集中一段时间进行考察和调研后，创造性地提出了“小公司、大联盟、工厂连锁、科学发展1358战略联盟模式”。他认为，1358战略联盟模式是中国涂料中小企业在国际金融危机冲击下，求生存，求发展，全国独创的新模式。“1”就是加盟者共同合力打造一个品牌，这个品牌是从美国引进并获得自主知识产权、历时三年多的全国推广，在浙江、江苏、湖北、江西、湖南、安徽、广西等行业内具有较高知名度，还在不断成长的法莱利品牌。法莱利中小企业战略联盟，将联合全体盟友，群策群力，精心打造，坚持品牌经营之路。“3”就是“直营连锁、加盟连锁和松散连锁合作三种联盟模式。各盟友单位可从企业实际出发，自由选择，力争多赢。“5”就是对所有加盟企业实施全面的五大支持，即技术支持、管理支持、品牌支持、资金支持和销售支持。“1358战略联盟模式”在盟友之间实行精诚合作，优势互补，化小为大，变弱为强，积极推进联盟的发展与壮大。特别是杭州法莱利化工涂料有限公司为各盟友提供的品牌和技术服务，将在短时间内为盟友企业解决长期困扰中小企业的技术和市场拓展难题，使盟友企业具有与国际知名品牌抗衡的力量。“8”就是通过法莱利战略联盟实现8个统一：企业形象的统一、宣传资料的统一、管理体系的统一、服务标准的统一、销售价格的统一、技术配方的统一、质量标准的统一和原材料采购的统一，并力求做到统而不死，活而不乱，统筹兼顾，科学发展。

这个模式一经推广，立即引起众多中小涂料企业的兴趣。经过一段时间的实践，已取得了初步成果，发展势头喜人。至2009年，已经成功整合了江苏无锡法莱利、上海法莱利、东阳吉星涂料公司、淮安中邦涂料公司、湖北黄石法莱利、湖州天添涂料公司、江西横峰永升涂料公司、南通邦和涂料公司、洛阳耐美涂料公司、巢湖云龙涂料公司、南宁立新涂料公司等20多家联盟伙伴，通过战略联盟而销售的产品，总产值达1．6亿元。参与联盟的中小企业销售量比原来提升30%~200%，在金融危机里迎来了春天，要求加盟的企业纷至沓来。中国涂料工业协会已经指定法莱利公司为重点推广试验单位，在杭州法莱利总部专设“战略联盟中心”。楼红龙雄心勃勃地计划在2010年将加盟店扩大到100家，并逐步发展到500家。“1358战略联盟模式”的推广，不仅为一些中小涂料企业带来了新的生机，也提升了法莱利涂料的品牌知名度，扩大了品牌影响，使杭州法莱利涂料有限公司获得了新的商机，实现了联盟者的双赢！他计划通过法莱利这一平台，在5年内培育500个百万富翁，并按上市要求做好上市准备。

创办泥子粉分公司

楼红龙对中国化工涂料市场考察调研后采取的第二项举措是创办法莱利泥子粉分公司。楼红龙总经理自问，在整体疲软的涂料市场中，还有没有可以开拓的“地盘”？从本质上说，只有疲软的产品，而没有疲软的市场，无论何时，市场都有尚待开发的处女地。他通过市场调研得知，在国外，特别是欧美地区以及亚洲的新加坡、日本等国家，环保泥子应用非常广泛。传统泥子大多以107、801胶与石灰粉搅拌而成，性能不佳且不环保，现场配制泥子质量又难以保证，同时，107胶已经被限制使用或禁止使用。尽管中国对环保泥子的认知近几年才在部分城市中出现，但随着城市建设的发展，绿色家居概念正深入民心，使城乡居民更加重视家庭装潢建筑材料的绿色与环保，因此，假如能开发出符合当今社会需求的绿色环保优质泥子，将为建设和谐社会做出贡献，也能为企业新增一个产品系列。在此思想指导下，楼红龙毅然决定创办杭州法莱利化工涂料有限公司泥子粉分公司。他聘请了国内一流的专家和技术顾问，组建公司智囊团；添置设备，选择厂址，经过一段时间的运筹，公司正式开始运行。在近半年时间里，泥子粉分公司成功开发了高档内外墙泥子、氟碳专用泥子、瓷砖黏结胶泥、特种功能泥子、干粉砂浆添加剂等产品。紧接着，公司在上海、杭州建成了两大生产基地，至2009年夏，基地的日生产能力已达200吨，年生产能力达到了7万吨，成为浙江地区泥子系列产品最大的供应商。

构建高位研发平台

创品牌，靠的是过硬的产品内在技术质量。楼红龙感到在当前的市场形势下，必须构建一个产品研发高位平台。他决定凭借高校雄厚的技术研发力量，与某名牌大学一个专业研究系挂钩，设立涂料专业研究室，实现校企联盟，对建筑涂料的绿色、环保、美观、耐用等性能进行系统研究，进一步开发迎合时代的新产品。为增加企业的资金实力，楼红龙又引进了浙江某装饰集团的几百万投资，增加了企业抗风险能力。为提高员工素质，引进了高层次人才，聘请一名具有丰富企业管理实践经验的MBA硕士，为企业员工进行营销培训和为企业管理提供咨询。对这名高级管理人才的报酬，也采取与企业捆绑的形式，将企业培训前的销售收入作为一个基数，对培训后的新增销售收入部分进行提成，作为这名MBA硕士的报酬，使企业培训和管理咨询更具针对性，能起到立竿见影的效果。对高层管理人才采取这种分配方式在社会上也较鲜见。

市场经营，是逆水行舟，必须时刻保持全身心的应对。一名“十大风云浙商”之一的企业家曾经说过：“你想吃苦吗？就去当企业家！”的确，作为一个需参与市场竞争的企业家，鲜花和掌声是在“踏遍青山人未老”后才能获得的社会赞赏和认可。在企业艰苦卓绝的经营中，楼红龙总经理把办好企业当作自己生命的一个组成部分，当作他生命的价值体现。前不久在北海召开的中国涂料中小企业生存与发展研讨会期间，组织会议代表乘船跨海考察越南。在轮船甲板上，面对喷薄而出的朝阳，面对碧波万顷的大海，楼红龙胸中的激情也如大海波涛般汹涌澎湃，他高声朗诵《法莱利员工誓言》：“我是法莱利人，我热爱自己，热爱工作……我们要努力工作，明确目标，鼓起勇气，克服困难，完善自我。我从来不说我没有办法，我要在工作中寻找办法……”

把事业与生命联结在一起，永远充满着自信，永远保持着旺盛的创新精神，这就是楼红龙！这也是杭州法莱利化工涂料有限公司能在逆境中一如既往发展的根本原因。目前，楼红龙总经理正以百倍的信心，不断开拓创新，迎接新一轮经济增长的到来，迎接世界经济复苏的艳阳天！

只要不断创新，自己就会永远走在模仿者的前面——陈龙

在北京的建外SOHO有一家奇特的“黑暗餐厅”，顾客从迈进门槛的第一步开始，就进入了一个“黑暗世界”。凭着创意与创新，这家店以一年内开6家分店的速度向市场迈进。

一个“黑暗”的创意

1980年出生的陈龙，2003年毕业于清华大学新闻系。一天晚上，他在复习，GMAT考试时无意间发现一个英文单词“Darkness Restaurant”，中文叫黑暗餐厅。

第一眼看到这个单词，陈龙就一下子被吸引住了。他立刻上网搜索，得知这是一家盲人餐厅，1999年由一位盲人牧师在瑞士苏黎世创办，其宗旨是给盲人提供就业机会，并让健康人体会到盲人的黑暗世界。自创立后，黑暗餐厅声名大震，遍布欧洲。

黑暗餐厅完全颠覆了陈龙以往对餐馆的理解，但是他不明白人怎么可能在一个完全没有光线的地方吃饭呢？而且，这么一件不可思议的事情在外国竟然这么流行。陈龙突然有了创意。

女友刚一听到“黑暗餐厅”这个概念时也兴趣盎然，可是，当陈龙告诉她自己也要在中国开一家黑暗餐厅时，女友的脸一下子沉了下来。原来，陈龙的这个决定意味着他们筹划了好几年的留学计划将被迫终止。女友觉得陈龙是走火入魔了，开始对他苦苦相劝，可费尽口舌也没有用，两个人开始三天两头争吵不断。

有一天，陈龙又把女友约了出来，女友原本以为他又想说开餐厅的事儿，谁知陈龙竟然告诉她，他要出国，一个人去瑞士的苏黎世，去亲身体验一下黑暗餐厅。陈龙说到做到，可没想到，到了苏黎世之后，到黑暗餐厅吃饭还要提前一周订位子。于是，他只好花了一周的时间等位子。等到终于吃完这顿饭，陈龙兴奋不已，他觉得，别说等一周，就算是等一个月也值。

在黑暗的环境中吃饭，陈龙刚开始有一种被黑暗束缚住的感觉，这让他有点不舒服。但是这个感觉过了之后，陈龙很快就觉得跟同伴的交流非常自然，这种转换的感觉非常奇妙。活到这么大，陈龙第一次有这种特殊的体验，那种奇妙的感觉，跟好多人第一次蹦极之后的感觉差不多。

从苏黎世回来以后，陈龙对黑暗餐厅信心百倍，他认准了这绝对是前所未有的商机，而且一定能够成功。事不宜迟，他不顾女友的再三反对，执意要做第一个吃螃蟹的人。女友见他这么坚持，也只好妥协。接下来陈龙就忙开了，先是找店面，然后一边按着苏黎世黑暗餐厅的样子设计装修，一边寻找盲人服务员。

陈龙首先找到盲人就业指导中心。当他把想法说出来以后，对方直摇头，觉得陈龙是一时脑袋发热、异想天开。他们说，现在所有的盲人社会指导机构都是培训盲人做保健按摩，做餐厅服务员可不行。碰了钉子，陈龙并没有灰心，又去盲人保健按摩中心碰运气。可是，找了好几家盲人按摩院，对方不是一口回绝，就是答应帮忙联系后就音讯全无。半个多月过去了，陈龙连一位盲人也没有招到。

眼看时间一天天过去，盲人服务员连影子都不见一个，陈龙看着装修好的餐厅心里直发慌：难道餐厅真的开不成了？他实在不甘心，万事俱备，只欠东风了，难道这东风偏就吹不起来吗？陈龙冥思苦想，突然冒出个大胆的想法：盲人不好找，干脆不用盲人！

这一天，有个朋友跟陈龙说了一个信息：网上有一种夜视仪，能将光源放大1500倍，服务员只要佩戴装有夜视仪的眼镜，即使在黑暗中也能够看清周围的一切，为顾客提供细致周到的服务。陈龙马上上网找到这种夜视仪，开始询价，跟厂家联系购买。有了这种仪器，终于解决了服务员的问题。

奇招惹火生意

2006年12月，陈龙的巨鲸肚黑暗餐厅开业了。

在黑暗餐厅，因为服务员在黑暗之中是戴着夜视仪服务的，夜视仪见光会爆掉，会刺伤服务员的眼睛，所以，客人需要把夜光手表、打火机、手机等能发光的物品交给服务员保存。客人在黑暗中用餐不是很方便，服务员会帮客人系上围裙，以免弄脏衣服。进门时，客人需要把双手搭在服务员的肩上，后面的客人依次排列，以搭火车的形式进去。

对于在黑暗餐厅里吃饭，确实是一点光线都没有，只有服务员戴的夜视仪发出的小红点在黑暗中闪烁。顾客只要喊一声，“红点”很快就会飘到顾客身边。

在一片漆黑的环境里，即使有刀叉也派不上用场，顾客常常直接用手抓饭吃，纸巾的用量一下子大增。为了节省成本，陈龙干脆让顾客戴上一次性塑料手套，即卫生又方便，大受顾客欢迎。

餐厅开了不长时间就火了，可是陈龙却在担忧：人们来这里吃饭无非是图个新鲜，等大家的新鲜劲儿过去，餐厅的生意肯定受影响。怎样才能保证有源源不断的回头客呢？思来想去，陈龙决定以菜品取胜。他推出一道菜，名字叫“猜猜看”，服务员端上这道菜，首先让客人用手摸，并猜出是什么菜品，如果猜对了，就赠给客人奖品。这勾起了客人的兴趣，越是看不见，客人就越是好奇，连摸带猜的，让吃饭平添了不少乐趣。此后，陈龙又相继推出了抓瞎、小刺猬等多种趣味十足的菜品，顾客在餐厅里吃饭，常常乐得捧腹大笑。

陈龙的这一招儿还真是高明，一下子就把普普通通的一顿饭变得乐趣横生。餐厅的生意从此蒸蒸日上。

有一天，陈龙正在门口忙着招呼客人，有两位用完餐的客人特地找到他，感谢黑暗餐厅挽救了他们的婚姻。陈龙一听，有点丈二和尚摸不着头脑。客人告诉陈龙，他们是一对决定离婚的夫妻，原本打算在黑暗餐厅吃了散伙饭后，第二天就去办离婚手续。但是，在这个黑暗的环境里，他们讲出了以往面对面没有讲出来的话，真正把自己内心的想法掏给对方，两个人的情感得到了及时的沟通，理解了对方，所以决定不离婚了。

这件事让陈龙豁然开朗，他开始用新的眼光看待黑暗。陈龙领悟到，黑暗不仅能带给顾客新奇的感受，更能使人们彼此敞开心扉，真诚面对，以放松的心情互相沟通。受此启发，陈龙为黑暗餐厅想出了一个主题——没有距离的世界。根据这一主题，他开拓了黑暗求婚、黑暗聚会等一系列新项目，店里的生意越来越火。

创意创新无止境

找到了黑暗的卖点，餐厅的生意越来越好。陈龙正盘算着多开几家店，居然就有人找上门洽谈合作了。

一天，两个操着外地口音的男子走进陈龙的办公室，提出合作开分店。陈龙一听兴奋不已，不设防地向他们展示了黑暗餐厅很多技术性的东西，包括运作的流程、特色服务等。两个男子看得非常仔细，临别时还带走了大量文字资料。就在陈龙以为对方即将签订合同的时候，却再也打不通他们的电话。没过几周，有朋友告诉陈龙：大连新开了一家与他们店一模一样的黑暗餐厅！

陈龙一听急了，连忙派人赶去大连，一看，那家店根本就是自家黑暗餐厅的翻版，而店里的老板正是此前找陈龙谈合作的两个人。陈龙想告他们侵权，可是，他跟人家又没签下白纸黑字，没有证据，陈龙对他们一点儿办法也没有。

黑暗餐厅的经营模式并不复杂，很容易被人模仿，陈龙就是想管也管不过来。那怎么样才能让自己的店独树一帜呢？陈龙觉得，只有靠自己独特的创意了。

一天，陈龙和女友看电影《人鬼情未了》。当看到剧中人制作陶艺的浪漫场景时，陈龙再一次有了灵感，他把陶艺制作搬进了黑暗餐厅，这让许多顾客颇感新奇。

自从黑暗陶艺亮相以后，陈龙陆续推出了一系列活动，如都市黑暗交友沙龙、黑暗话剧等黑暗体验项目，都已成为都市年轻人推崇的一种时尚。开业仅一年，陈龙的黑暗餐厅就已经在北京、上海、长沙等地开设了6家分店。

陈龙明白，只要不断创新，自己就会永远走在模仿者的前面。

在创新之路上向前迈进——董传文

董传文是华北油田采油四厂集输大队副大队长。他参加工作20多年来，先后完成内容涉及采油、净化、外输、卸油、加热、维修等7个岗位的44项技术创新，获国家专利6项，创直接经济效益近千万元。从一名普通的采油工，成长为第四采油厂廊东采油工区主任、劳模标兵。皆因为他在技术创新中的突出表现，工友们给他起了“董发明”“董琢磨”的雅号。

董传文经常对大家说：“作为技术人员，不立足现场和实际，就像农民离开自己的土地。比起空中楼阁富丽堂皇，我更愿意脚踏实地，踏踏实实解决生产中的一些实际问题。”他认为，发明创造、技术革新看起来遥不可及，其实很多时候就是一层窗户纸——一捅就破，只要勤动脑，做个有心人，技术创新人人可为。

管线泄漏封堵是影响集输大队安全平稳输油的一项技术难题。据统计，集输队33公里长的长输管线仅1998、1999两年，就因不法分子破坏造成漏失原油1000多吨，赔偿土地污染费、维修费达20多万元。面对这个困境董传文产生了一个念头：如果发明一种装置能及时准确判断出泄漏点，使盗油分子受到及时打击，管线得到及时修补，会减少多少损失啊。说干就干！他从基础做起，大量查阅有关资料，到北京、廊坊科研院所请教专家。画图、制模型、做实验，一次次失败，一次次从头再来。经过10个多月艰辛努力，董传文终于成功研制出“输油系统气化、气蚀、漏失检测装置”，该装置可以根据输油系统内压力、排量、温度变化，准确检测管线漏失时间、流量和方位，为保证长输管线安全运行，打击钻孔盗油提供了“利器”。装置投用以来，共发现盗油点36处，抓获盗油团伙5个，为企业挽回经济损失1000多万元。这项发明获得国家专利，在新疆、长庆等多个油田推广使用。

对董传文来讲，像这样在实际工作中产生创新灵感并付诸实践的情况太多了，而随着创新的力度越来越大，标准越来越高，董传文体会到技术创新不能只靠单打独斗，他组织技术骨干成立技革小组，瞄准队内生产难题，展开技术攻关，一项又一项的创新成果为大队乃至整个公司创造了巨大的经济效益。创新无止境，董传文和他的技术革新小组依然在创新之路上向前迈进。

创新管理出成效——张炳祥

美丽富饶的富春江，养育了一代又一代的富阳精英。地处富春江南岸沙洲岛的东洲街道学校沙村党总支书记张炳祥，就是富阳市众多的农村党支部书记中的杰出代表。

学校沙村以前是个有名的穷村。因地处富春江边，时常要涨大水，大水退后沙土又贮不了水分，没几天又发旱情。父辈们把这个易涝易旱的村取名为“笠帽沙”村。直到新中国成立以后，村民们才把“笠帽沙”这个村名改为“学校沙”村。新中国成立初期，这里还很贫穷。村里的老人们都还记得，1961年毛主席的秘书田家英同志，曾带领中央调查组到学校沙村蹲点调研农村实际情况，中央调查组和老百姓同吃同住一年多。后来，田家英同志结合农村调研的情况，大胆向毛主席谏言，并在此起草了著名的“农村工作六十条（草案）”。这个历史故事，张炳祥从懂事开始就听父辈们说过。他牢记在心，并从小就下定决心，长大后一定要为村里做点贡献。

在商海搏击中成长

1978年，改革开放的春风，吹遍了富阳城乡。在农村改革中，学校沙村实行了农村家庭联产承包责任制。以后，农民们不但吃饱了肚子，还有了余粮，并开始走多种经营之路。1979年年初，学校沙村创办了第一家集体企业——五金电器厂。初中毕业的张炳祥当了厂里的工人，主要做销售工作。但由于当时农村信息不灵，技术缺乏，又不懂管理，企业亏损关门。经过两年锻炼的张炳祥，后来又与5名村民合伙办了一家小工厂，他负责搞产品推销。当时，他跑得最多的地方是宁波。因为宁波地处沿海，改革开放的步伐比其他地方快。

在与客户的交往中，张炳祥深刻体会到，宁波人不仅思想解放，而且很讲诚信，他们说过的话一定会做到，从不讲空话。张炳祥想，这就是宁波人经商成功的一大秘诀，自己一定要好好学习。

1989年，张炳祥在宁波红光家用电器商店承包了一个柜台，经销磁带、录像带、光碟等音像制品。据了解，张炳祥是第一个在宁波承包出租柜台的商人。在宁波经销音像制品过程中，张炳祥体会到，商品主要靠推销，同时还必须顺应市场的需求。于是，他决心向效益更好的经营项目发展。

在宁波经商积累了部分资金的张炳祥，2000年又与天津市银锚工程有限公司合作在宁波创办了“天津市银锚工程有限公司宁波经济技术开发区分公司”，生产经营墙幕装饰工程产品，后来又发展到为用户装饰。在宁波这一建筑业十分发达的城市，墙幕玻璃自然十分畅销，张炳祥合伙的企业越办越兴旺。

经济上有了实力，2005年，张炳祥又在湖北省麻城市投资创办了“麻城市富城投资有限公司”，主要经营建材产品。同时，他还计划在麻城创办一家建材市场。

张炳祥说，自己富了，要对国家有贡献。这几年，他为国家上缴税收已超过1000万元。他说，这么多年创业的经验，他有几条很深的体会：一是要有开拓精神；二是要诚信待人；三是心中要装有老百姓。这些观念和理念的形成，为他以后当好村书记奠定了基础。

不顾"小家"为"大家"

在宁波和麻城经商期间，不管事情怎么多，工作怎么忙，张炳祥隔段时间就要回一次家，看看家乡的新变化，帮助村干部们出出点子。

前几年，学校沙村党支部书记是他的一位亲戚，张炳祥平时遇到他时总是鼓励他，既然当了村干部，就要为村民多办实事，帮助村民们走共同富裕道路。他总是说："因为我们都是共产党员，共产党员就要做出共产党员的样子！"

2005年4月，富阳市开展农村基层党组织换届工作，学校沙村全体党员一致推选张炳祥为村党总支书记。可张炳祥有点为难，因为他在宁波和麻城有两家企业，怎么办？张炳祥首先考虑的是：我是党员，必须服从党组织的安排。

为了兼顾好自己的"小家"，张炳祥与家人商量并取得了一致意见：宁波的企业由妻子去管理；湖北麻城的这家企业，请一位亲戚去经营。而自己，以村里工作为主。

对一个搞企业的人来说，商机就是金钱。失去了商机，就意味着失去了金钱。但是，为了村民的利益，为了加快新农村建设步伐，张炳祥顾不了这么多。

2005年4月，张炳祥轻装上阵，坐上了学校沙村党总支书记的椅子。

"领头雁"带领大家飞向新天地

学校沙村地处富春江畔，几年前建设的"杭千"（杭州—千岛湖）高速公路富阳出入口，正好设在学校沙村，水陆交通十分便捷，加上村里有3.15平方公里的土地。这对这个有783户农户、2700多人的学校沙村来说，不仅地理位置得天独厚，潜在资源也十分丰富。张炳祥对当好村党总支书记充满了信心。

在历届村干部的努力下，尤其是张炳祥任书记的几年中，在旧村整治基础上，实行统一规划，统一建设，使学校沙村面貌发生了根本性的变化。

而今，走进学校沙村，见到的是：村道已经全部浇筑成水泥路；绕村的河道河水清清，两岸已做好了石坎和护栏；道路两旁花草树木郁郁葱葱，路边漂亮的垃圾箱设置规范；村里的宣传画廊足有30米长，村务公开橱窗内容每月更换；占地二三十亩、新建的村民休闲公园内绿草如茵，亭台、曲溪和各种健身器材足够村民休闲、锻炼；两个自然村的灯光球场设施，可与市体育馆的灯光球场媲美；老年活动室、图书馆都已建成；村里的便民服务中心设备齐全，使村民办事可足不出户。特别是村里近年规划建设的一排排新楼房，整齐美观，家家户户庭院内栽种的果树花草，四季飘香。学校沙村已成为杭州市全面小康建设示范村，新建的住宅群及其村景村貌已成为“东洲一景”。正如学校沙村的一位村民所说：“我们村近年的巨大变化，都是因为村里有一个为老百姓利益日夜操劳的领导班子的正确领导。”这位村民道出了学校沙村大多数村民的心里话。

的确，学校沙村只因为有了一个团结、开拓、务实的领导班子，特别是有一位既能干又务实的村党总支书记张炳祥，他像雁阵的一只领头雁，带领党员及村民，加快新农村建设，飞向新的天地。

创新管理出成效

张炳祥走马上任村党总支书记后做的第一件事，就是抓好制度管理和村级班子建设。他认为“火车跑得快，必须车头带”。学校沙村党总支成员6人，村委班子4人。对村干部的建设，张炳祥主要是加强思想政治工作，要求人人都树立起全心全意为人民群众服务的思想。只有思想上坚定，才能落实在具体行动上。他对班子同志说："我们都是由党员和村民们选出来的，既然走上了这个岗位，就得好好为老百姓工作，否则就对不起老百姓。"他上任后，对班子人员建立了一整套规章制度，如每周一次的例会制度、分片包干制度、行为规范制度、重大事项研究决策制度、党员联户制度，等等。这样做，目的是明确村干部的职责，规范村干部的言行。换句话说，就是"用制度管人"。张炳祥对村干部的要求，在全富阳市可说是比较严格的。别的不说，就说由党总支组织召开的班子成员的每周例会，每位村干部汇报上周工作，都必须用书面汇报。他说，这样做是为了增强村干部的工作责任感。村干部对下周的工作计划也得用书面形式，这样可以增强事业心和工作紧迫感。几年下来，学校沙村的村干部自觉执行制度已成了习惯。在村干部的分工问题上，学校沙村也有一套经验，就是既分工，又合作。党总支书记、村委主任的任务，是集中精力抓大事。

抓好党员队伍建设，是学校沙村新农村建设的一条成功经验。当前，有的农村的少数党员，混同于普通的老百姓，体现不出先进性。而学校沙村的党员，由于党总支思想教育抓得紧，分工明确，责任到人，绝大多数工作干得很出色。他们的做法是"联带农户"。就是说，全村77名共产党员，除了自己做好表率外，还要"联带农户"。每位党员联带农户5~15人。党员联的农户，采取党员与农户"双向选择"的办法，主要由农户来选择党员。对农户不喜欢"联带"的党员，说明这些党员不受农民欢迎，工作上有待进一步改进，以此促进党员起好带头作用。村里主要负责人，重点联带村里的低保户、困难户，帮助低保户、困难户尽快致富。

学校沙村对发挥好村民小组组长、村民代表的作用也有一套办法。全村共有18个村民小组，每个村民小组推选1名组长和1名村民代表。村民小组长和村民代表，主要联系本组村民和调动村民的积极性，完成村里分配的各项工作。村里对村民小组长、村民代表，定期召开会议，会上除了向党总支、村委会汇报前期工作外，还要接受村里分配的各项任务，做到了政令畅通。

村里在重大事项决策前，及时召开听证会，广泛听取村民组长、村民代表意见，意见一致后召开村民会议，再行表决，通过后方能实施。

学校沙村创新制度和抓好基层组织建设，不仅推进了村里的各项工作，也得到了上级党组织的肯定。中央组织部原部长张全景同志，曾专程到学校沙村调研农村基层组织建设工作。杭州市委副书记王金财、市委组织部部长于跃敏和副市长何关新等领导，也都曾先后到学校沙村调研考察。2009年7月30日，杭州地区13个县（市、区）的党委副书记、组织部长、副市长等共130多名有关领导，在杭州市市委副书记王金财带领下，专程到学校沙村召开现场会，听取学校沙村对农村基层组织建设的工作汇报，受到与会人员的好评。

张炳祥说过的两句话讲得很有道理，一句是：干部工作的好坏主要看实绩；另一句话是：村里建设得好不好，关键要搞好科学规划。

这几年，学校沙村已投入上千万元用于村庄的环境整治和社会公益事业，村貌大为改观。近几年，该村在整治、建设村庄的同时，还做好了一项重大工作，就是搞好了10年的建设规划，包括村庄建设规划、农业观光园建设规划、商贸城建设规划等，有的规划已经启动。如村里对“农业观光园”的规划，至2009年夏，村里已基本搞好了土地的流转工作，第一期工程计划在3年内完成。

可以相信，在张炳祥书记的带领下，几年以后学校沙村将会成为富春江畔一颗璀璨的明珠！

我们所干的是前人没干过的事业——王选

王选出生于上海一个知识分子家庭。在轻松自然的学习气氛中，以优异的成绩上完了小学。1954年考进北京大学数学力学系，成为莘莘学子中的佼佼者。他选择了计算数学专业。毕业留校参加了我国第一台红旗计算机的研制，成为当时国内研究高级语言编译系统的著名专家之一。

1974年，信息产业部等五单位发起汉字信息处理技术的研究，被列入国家重点科研项目“748工程”。北大数学系讲师、王选的夫人得知这个信息，告诉了在家养病的王选。他再也躺不住了，攻克汉字处理难关是他多年来的夙愿。他一直梦想用自己的智慧和双手，让计算机技术与中国出版印刷业联姻，插上再次腾飞的翅膀。

当时国内已有五家院校和科研单位申报承担汉字精密照排系统，王选决定参加这场竞争。做好充分准备的王选具有强烈的创新意识，他决心独辟蹊径，跳过前三代机，直接向国外最先进的第四代激光照排机发起冲击。四代机的发展在国外用了整整40年，而王选则想把40年历史压缩进他的照排机蓝图里。

目标定好后，汉字字形信息量太大就成了最大的难题。那些日子，王选满脑子的汉字横竖弯勾，连做梦也尽是笔画，最后想出了用数学计算汉字轮廓曲率的方法。经过几个月呕心沥血的奋斗，他就像一位魔术师那样，让庞大的汉字字模减少了500倍，扫清了研制汉字精密照排系统的最大障碍。

1975年11月，北京召开汉字精密照排系统论证会，王选抱病参加了会议。由于身体虚弱，说话困难，由妻子代他发言并用计算机展示了模拟实验的结果。王选的方案对多数人来说就像“天方夜谭”，有人甚至说这是王选的数学“畅想曲”，是玩数学游戏。回家后，王选夫人开玩笑说道：“咱们还是算了吧。”王选却认真地回答：“干！不到长城非好汉。”

从此，王选几乎放弃所有的节假日，努力使自己的方案完善并具体化，一步步解决高倍率汉字压缩和高速不失真还原轮廓汉字等难题。面对压力，王选只是默默地加快自己的工作进度，带领着一帮年轻人夜以继日地勤奋工作。他们创造性地采用了许多令世界瞩目的新方法，照排控制机上的电路板，那些由密密麻麻的集成电路组成的尖端高科技设备，大多是王选他们自己动手做出的。

1979年7月27日，精密汉字照排系统的第一台样机调试完毕。大家围在样机旁，紧张地注视着它的动作，机房里只有敲击计算机键盘发出的嗒嗒声。转眼之间，从激光照排机上输出了八开报纸的一张胶片，王选怀着既兴奋又紧张的心情接下这张可以直接印刷的胶片。一年后，支持这套系统的电脑软件，包括具有编辑、校对功能的软件也先后研制成功，并排印出第一本样书。

通过鉴定验收后，王选和他的同事马不停蹄地向实用性的激光照排机发起冲锋，制造出了华光电子排版系统。1985年，新华社第一次采用华光机排出了新闻日刊；1986年，《经济日报》在华光机支持下，成为全世界第一家采用屏幕组版、激光照排的中文日报社，并于翌年出版了国内第一张激光照排的报纸。

在巨大的成功面前，王选并没有满足。在他的积极推动下，北京大学成立了北大方正公司，将王选不断发展的更先进技术成果推向市场，全国出版界80%使用了国产激光照排机；在港、澳、台地区，已有100家华人报刊和出版社采用“方正”；在全世界几乎凡有中文出版物的地方，方正产品都占有绝对优势。当国外电脑企业纷纷大举进军我国市场的时候，唯独在出版领域，那些外国公司则悄悄地撤出了中国。

“我们所干的是前人没干过的事业”，王选这位“当代毕昇”以自己辛勤劳动的成果，引领了中国出版印刷业的伟大革命，为国家创造了数十亿元的效益。

在一般人与高深的计算机之间搭起桥梁——史蒂夫·乔布斯

1955年2月24日，史蒂夫·乔布斯出生在美国旧金山。1972年高中毕业后，在一所大学只念了一学期的书。1974年乔布斯在一家公司找到设计电脑游戏的工作。两年后，时年21岁的乔布斯和26岁的沃兹尼艾克在乔布斯家的车库里成立了苹果电脑公司。他们开发的苹果Ⅱ具有4K内存，用户使用他们的电视机作为显示器，这就是第一台在市场上进行销售的个人电脑。

1980年11月，苹果股票上升至每股22美元，乔布斯和沃兹尼艾克一夜之间变为百万富翁。此后，由于理念不合，乔布斯退出了一手创立的苹果公司。1986年乔布斯买下了数字动画公司皮克斯。这家公司如今已成为畅销动画电影《玩具总动员》和《虫虫危机》的制作厂商，它是乔布斯事业生涯中的第二个高峰。

1996年，苹果公司重新雇用乔布斯作为其兼职顾问。此时苹果公司经历了高层领导的不断更迭和经营不善之后，其运营情况每况愈下，财务收入开始萎缩。1997年9月，乔布斯重返该公司任首席执行官，他对奄奄一息的苹果公司进行大刀阔斧地改组并开展一连串新产品降价促销的措施，让苹果重新“红”了起来。目前苹果公司最热门的产品是最近上市的iMac。据苹果公司统计，iMac订单已高达15万份。

iMac背负着苹果公司的希望，凝结着员工的汗水，寄托着乔布斯振兴苹果公司的梦想，呈现在世人面前。它是一个全新的电脑，代表着一种未来的理念，半透明的外包装，一扫电脑灰褐色的千篇一律的单调，加上发光的鼠标，以及1299美元的价格标签。不愧是出自乔布斯的设计，标新立异，非同凡响。为了宣传，乔布斯把笛卡儿的名言“我思故我在”变成了iMac的广告文案Think There for iMac！由此成了广告业的经典案例。

新产品重新点燃了苹果机拥戴者们的希望，iMae成了当年最热门的话题。1998年12月，iMac荣获《时代》杂志“1998最佳电脑”称号，并名列“1998年度全球十大工业设计”第三名。

接着，1999年乔布斯又推出了第二代iMac，有红、黄、蓝、绿、紫五种水果颜色的款式供选择，刚一面市就受到用户的热烈欢迎。1999年7月乔布斯推出的外形蓝黄相间、像漂亮玩具一样的笔记本电脑iBook在市场上随即受到用户追捧。iBook融合了iMac独特的时尚风格、最新无线网络功能与苹果电脑在便携电脑领域的全部优势，是专为家庭和学校用户设计的“可移动iMac”。1999年10月iBook夺得“美国消费类便携电脑”市场第一名，还在《时代》杂志举行的“1999年度世界之最”评选中，荣获“年度最佳设计奖”。

在乔布斯的改革之下，苹果终于实现赢利。乔布斯刚上任时，苹果公司的亏损高达10亿美元，一年后却奇迹般地赢利3．09亿美元。苹果电脑在PC市场的占有率已由原来的5%增加到10%。

乔布斯成为一个奇迹，但这个奇迹还将继续进行下去。他总是给人以不断的惊喜，无论是开始还是后来，他天才的电脑天赋，平易近人的处世风格，绝妙的创意脑筋，伟大的目标以及处事不惊的领导风范筑就了苹果企业文化的核心内容，苹果公司的雇员对他的崇敬简直就是一种宗教般的狂热。雇员甚至对外面的人说：我为乔布斯工作！

第九章

创新促进社会发展

李大钊先生曾说过：“人生最有趣的事情就是去旧迎新，因为人类最高的欲求，是在时时创造生活，时时开拓生活。”我们每一个人，都在享受着因创新而带来的累累硕果。因为创新，改变了我们的生活。世界也正在因创新而改变，向着知识经济方向快速发展。所以，我们都应该挖掘自身的潜力，不断去创新，使我们未来的生活更加美好，让我们的社会发展得更快。

中国杂交小麦之父——张爱民

“中国有1/3的耕地在种小麦，那就是4.2亿亩，我们选育的杂交小麦新品种推广后，哪怕普及率只有1/3，凭借与传统品种相比15%的增产率，每年也将增产70亿公斤！”张爱民在说这话时，手里捏着几个沉甸甸的饱满的麦穗。

在我国，最主要的粮食作物就是水稻、玉米和小麦，对于水稻和玉米的研究，袁隆平和李登海已是功成名就，要想在扩大粮食生产上再进行一次革命性的进步，每个搞农业的人都把目光放在了小麦上。

张爱民刚刚进入大学时，并没有就读他所报考的农业机械化专业，而是被分配到了“植物遗传育种专业”，没想到这竟真正成了他心爱的事业。他把小麦杂交当成了自己的主攻方向。小麦是白花授粉的植物，一般情况下花开时，就已经完成了授粉，外来的花粉几乎没有“占领阵地”的机会。张爱民的研究，首先就是要小麦花的雌蕊“空出阵地”，即“细胞质雄性不育”的研究。更加困难的是：这只是杂交过程的一小部分！在此期间，选定品种进行杂交后，要是就这么“不育”下去，杂交小麦的研究就没有任何意义。就是说，在杂交完成后，还要恢复它的育性，系铃容易解铃难！另一方面。杂交小麦的遗传性状需要几年甚至更长的时间才能稳定，而且已经稳定的遗传性状，由于在种子生产过程中可能发生的种子混杂，品种的保持也是很大的难题，这一切都使小麦杂交的研究更加困难也更加富有魅力。

十几年的时间，张爱民终于啃下了这块硬骨头。最具代表性的成果就是他和他的课题组选育的杂交小麦新品种：农大851。“农大851”以平均增产15%以上的优势震动了育种界。张爱民终于以他的专注、努力和对小麦育种研究的热爱，改写了中国几千年的小麦种植的历史。

“我生长在农村，我做过农民，所以更知道农民的辛劳，我现在做的，就是让农民的劳动有更高的收获。”张爱民笑着说，“目前，我领导着小麦杂交优势研究的课题，我们的研究水平是国际领先的，其他的国家要搞小麦杂交的研究，也往往要向我们取经呢。”

在纳米研究领域取得重大突破——成会明

1999年底，一项名为《用碳纳米材料储氢达到4%以上》的科研成果刊登在美国《科学》杂志上。这项成果的直接意义在于可以用较低的成本和较小的容器容纳足够多的氢气，在此基础上将氢气转化为电力驱动汽车。这对于21世纪环保的意义是不言而喻的。

论文的发表者是一位中国年轻人，他叫成会明，中国科学院金属研究所副所长。

成会明和金属研究所的缘分从1984年湖南大学毕业以后就开始了。之后的近20年时间他一直在金属所搞研究，在国内外学术刊物和会议上发表学术论文130余篇，以第一发明人申请专利7项（其中美国专利1项）。他的大名在国际学术界早已不陌生，而真正让他成为学术界焦点人物的，却是因为一种小得不能再小的东西——纳米。

可不要小瞧了“纳米”这个小小的东西，由于其独特的科技用途，它将推进人类科学技术步入一个新的时代——纳米科技时代。碳纳米管在纳米世界中是重要一员，也一直是近年来国际科学的前沿领域之一。作为未来最有前途的“超级纤维”，近年来科学家发现碳纳米材料可能是一种优异的储氢材料。国外科学家曾根据实验推测单壁碳纳米管的储氢能力在10%以上，但是实验一直没有得到验证。结果让人难以信服。成会明是一个充满浪漫色彩的人，他和许多科学家一样拥有一个让电动汽车跑遍世界的绿色的梦。为了实现这个大梦，他和小小的纳米成了朋友。

纳米级的碳材料合成十分困难，大量低成本、高效率的合成更难。在实验设备相对简单的情况下，成会明率领一批科研人员，经过缜密的实验，采用与众不同的新方法，合成出大量高质量的碳纳米纤维和单壁碳纳米管，不仅纯度高，而且直径较粗，预示着较好的储氢性能。在进一步的研究中，成会明等人发现，这些自制的纳米材料在室温下具有优异的储氢性能，储氢能力达到4%以上，至少是稀土的两倍。根据实验结果推测，室温常压下，约2／3的氢能从这些可被多次利用的纳米材料中释放。这些棉花似的黑色絮状物，能储存和凝聚大量的氢气，并可能做成燃料电池驱动汽车。

成功了。他抑制不住激动，马上把这一成果贡献给世界。论文发表的第三天，美国《化学与工程新闻》就撰文评论：目前世界上研究纳米碳管的工作，不是数据好得令人难以置信，就是合成方法困难，无法进行大规模商业化生产。唯一中国科学院金属研究所的科学家成会明使用的新方法，是迄今为止最令人信服的一个结果。

在纳米时代就要来临的时候，成会明已经为人们准备好了一个了不起的礼物。现在，电动汽车还没有跑起来，但是，不会太久了。

给脑瘫病人带来新生——郭新志

郭新志刚从山西医学院毕业当医生时，曾看到被诊断为脑瘫的孩子被父母遗弃在医院，她年轻的心颤抖了。在一个被抛弃的患儿的身上，她看到了孩子父母留下的字条：“我们爱我们的孩子，可是，我们无法忍受看着他就那样生不如死地活下去！”这是多少脑瘫儿童的亲人的痛苦写照，又是脑瘫的孩子多么惨淡的将来！——意识到这一切后，研究儿童脑瘫的治疗成了她此后魂牵梦萦的事业。

儿童脑瘫与老年痴呆症的临床表现非常相似，都体现为智力低下、行为异常、视听语言障碍。对一个家庭而言，有一个患老年痴呆症的老人就意味着这个家庭从此背上了沉重的物质和精神负担，有了一个脑瘫的孩子更几乎是灭顶之灾！为此，曾有年轻的母亲不惜流着泪溺死自己的脑瘫孩子后自杀。可是，郭新志一旦确立了目标，就意味着她将一直与这些特别的孩子相处。在她眼中，病人的生命更加宝贵，因为他们已缺少正常人的生存能力，就更加应该受到保护和爱惜。而重新给病人带来新的生活，则是她不停探索的动力。

但是，脑瘫的治疗并无现成的经验可循，一切都要一步步摸索。她为了确保治疗方法的安全性，就在自己的身上试针试药。这是个近乎疯狂的举动，她把针刺进自古被称为“针灸禁区”的风府穴、哑门穴等穴位，几次面临生命危险。“也许是因为命大，”她开玩笑似的说，“居然就挺过来了。”而她研制的10余种新特药、仪器和保健品是她经过怎样艰难的探索后的结晶，我们已无从知晓。我们现在知道的只是，她以她的毅力和能力，发明了以头针为主、中西医综合治疗先天性小儿和老年性脑瘫康复这个高难度医学尖端课题。

到目前为止，郭新志任院长的山西脑瘫康复医院已接诊1.86多万例脑瘫病人，其中有5000多例已痊愈，入托上学，参加工作，过上了正常的生活；还有6000多例生活基本自理，已经不再是家庭和社会的负担；其余正在治疗中。经专家临床和随访验证，总有效率已达97.8%！——郭新志独创的头针疗法，已经改变和正在改变着脑瘫患者的命运。

不久前，她被全国妇联表彰为“中国十大女杰”。

她的诊疗方法和药剂如果推广开来，受益的将是全世界的脑瘫病人！

中国空间材料学的创始人——魏炳波

36岁的魏炳波有着一连串极具分量的荣誉和头衔：全国十大杰出青年科学家；国家“863”计划空间应用科学专家组成员；全国五一劳动奖章获得者……面对着这等荣誉，人们无不感到钦佩和惊讶，而很少有人能体会到他背后的呕心沥血。

1991年2月，品学兼优的魏炳波作为获得世界著名洪堡基金的博士，从西北工业大学前往德国宇航院空间模拟研究院进行客座研究。在这个神圣的科学殿堂里，短短的一年多时间，他就在空间材料科学和快速凝固领域的前沿课题中连续取得了一系列具有国际水准的研究成果，让这里的名教授们刮目相看。

1992年9月23日，魏炳波像往常一样十分投入地做着自己的课题，然而，来自母校西北工业大学的一封传真却深深拨动了他的心弦：“魏炳波老师，收到这个传真时，你已经是西工大的教授了，你的工作可以在学校的任何院系进行选择，或者直接挂靠学校。”因为这份带有校长签名的传真，3个月后，魏炳波回到了母校。

魏炳波研究的是空间材料科学。这是在近10年来由材料科学与空间科学交叉形成的高新学科。它根据材料的物理化学性质、加工性能和应用性能依赖于环境的变化面变化的特性，把材料放到具有“微重力，无容器，超高真空”的环境中去生成与研究，是未来航天技术中举足轻重的基础学科，而且还可以为新型结构与功能材料的合成与开发开辟广阔前景，因此又被称为21世纪最富有经济效益和技术效益的学科之一。目前，欧美、日本、俄罗斯等已经投入大量人力、物力和财力利用航天飞机、宇宙飞船和卫星等展开广泛研究。

“中国龙若要在21世纪有腾飞的动力，就必须在空间材料科学领域有一席之地！”怀着一颗澎湃的雄心和沉甸甸的使命感，魏炳波刚踏上国土，就放弃休假，立即开始创建中国第一个空间材料科学实验室。

经过4年艰苦的创业，魏炳波自行设计并研制成功了空间快速凝固地面模拟实验系统，并提出了一整套空间快速凝固地面模拟方法。他的工作不但得到了中国科学院路甬祥院长的高度评价，并以与实际空间实验90%的吻合率让许多外国专家也啧啧称赞，一举为中国空间材料科学的腾飞奠定了坚实的基础。这个实验室的建成不仅为科学实验提供了重要手段，而且已经在大型工业、国防重大工程如“神舟”号试验飞船发射中提供了急需的材料，同时它还标志着中国在美国、俄罗斯和欧共体之后也全面掌握了空间材料科学地面模拟研究的关键技术。

近年来，魏炳波在低熔点合金、偏晶合金和共晶合金的深过冷研究方面，已经取得了多项国内领先甚至国际领先的成果。据统计，他在国际国内著名学术刊物上已发表论文120余篇，被国际著名科学文献检索工具EI、SCI收录150余次。

魏炳波不仅是一位杰出的科学家，而且还是一位令人尊敬的师长，目前他一共培养了8位硕士生、7位博士生、2位博士后，并带出了一支平均年龄不到30岁、学科布局合理、很有潜力的科研学术队伍。这支队伍已成为中国空间材料科学领域举足轻重的力量。

成大事者，必有远虑。在新世纪的门前，魏炳波的蓝图是，用大约10年的时间把他的实验室建成国家的空间物理研究中心和国家空间材料重点实验室，他要用自己的肩膀为中国的空间材料科学撑起一片蓝天。

创新成就“中国芯”——胡伟武

胡伟武是中国科学院计算所研究员，是我国“龙芯”重大科研项目组组长，全国青联委员，第十一届全国人大代表。曾先后获得中国科学院科技进步二等奖、中国科学院院长奖学金特别奖、中国科学院杰出成就奖、第五届光华工程科技奖等。

“我的愿望就是我国有自主研制的CPU，并且能够超过外国人。古人说‘朝闻道夕死可矣’，我是只要超过外国人，夕死可矣。”胡伟武知道CPU的研制是一件技术含量极高、失败风险非常大的项目，但是他知道CPU作为信息时代的核心技术，如果自己不能掌握，我国信息工业的发展就要永远受制于外国。

因此，胡伟武带领着项目组的成员凭借着高度的爱国情怀和创新精神，以“做不出来，提头来见”的豪气冲天的军令状为鞭策，经过了一年多废寝忘食的拼搏、突破重重困难的考验，终于在2002年8月10日研制成功了我国首枚具有自主知识产权的通用高性能微处理器芯片——“龙芯1号”。“龙芯1号”的问世，标示着我国计算机CPU实现了从无到有的历史性突破，标志着我国信息技术领域已经掌握了CPU的核心技术，结束了中国计算机生产只能用外国CPU的历史。

2004年“龙芯2号”研制成功，在性能上又有了质的飞跃，已经逐步缩小了与世界先进水平的差距。

胡伟武非常崇拜毛泽东，他把首片“龙芯2号”命名为MZD110。他说毛泽东带领中国人民站了起来，我们研制龙芯也是要让中国信息工业屹立在世界的东方。他说“现在的中国社会、中国人尤其要学习毛泽东精神，不被任何困难所吓倒，不被任何敌人所吓倒。科技创新更是如此，只有克服一个个困难，打败一个个敌人，才能实现真正的突破。”

“一个人最重要的是知道自己想要什么，一个人一生只能专心做一件事。我很幸运，能从事我一直以来非常想做的事情。”这就是胡伟武对自己的科技创新之路的无悔选择。

海军海缆埋设设备创始人——曾达人

曾达人是海军通信应用研究所高级工程师，我军海缆埋设设备创始人，先后荣立一等功1次，二等功3次，三等功9次。

他先后主持完成重大科研项目10余项，取得50多项科研成果，其中18项填补了国内和军队的空白。20世纪50年代，他带领试制小组攻关，成功研制我国第一套海缆加工机，创建了第一个海缆加工厂,揭开了我国海缆事业的序幕；20世纪60年代，他带领科研人员解决了带中继器长距离海缆布设技术，成功研制了海缆登陆用橡皮浮球和布设海底增音机的水下减速伞，确保了环海海缆干线敷设任务的圆满完成；20世纪70年代，他主导成立深海布缆设备研制小组，打破美、英、日等少数几个国家的垄断，成功研制履带式直线型深海布缆设备，组织敷设了我国第一条深海电缆；20世纪90年代，他勇追光缆通信时代步伐，率先承担了海底光缆敷设的技术研究，指导部队顺利完成了我国第一条海底光缆通信系统的建设任务，主持研制了我国第一套具有完全知识产权、国内全面配套、埋深可调的某型海缆埋设设备。

研究了一辈子海缆的曾达人，比谁都清楚：海缆是打赢未来战争的“生命交通”，要保证海缆畅通，就必须研制一套适合我国海域、海况、海底地质情况的系列海缆埋设设备。于是，他将“退休报告”悄悄地改成“延退报告”交了上去，就这样连续延退了3次……

研制海缆埋设装置，是一项庞大而又复杂的系统工程，需要智力和激情，需要经验和毅力。虽然已年过六旬，但曾达人觉得自己还能带领课题小组工作。灵感终于顺着笔尖喷薄而出，在图纸上欢快地流淌着。为了弄清一个参数，为了验证一个设想，他带着助手到海上做试验，风里来、雨里去，遇到大风大浪天气，连胆汁都吐了出来。一千多个日日夜夜，曾达人带领大家挤在不足10平方米的实验室里，先后设计出12套海缆埋设装备的方案，研制出3种不同样机，进行了上千次模拟试验。2002年7月，该型埋设装备第一次实埋成功，开创了我国自行研制的海缆埋设系统多项埋设新纪录。它标志着我国在这一领域已跨入国际先进行列。

完成多项自主创新项目——宓传龙

宓传龙是西安西电变压器有限责任公司总工程师、西安电力机械制造集团公司副总工程师。他在国家“九五”“十五”期间主持了国家重大科技攻关和重大技术装备研制项目18项，技术转化成新产品68项。他积极进行技术引进、自主技术创新工作，完成了我国首台国产化换流变压器、首台国产化平波电抗器等多项自主创新项目。

我国发展直流输电技术中的第一个国产化工程是西北—华中联网灵宝背靠背换流站，西变公司为这项工程研制出了4台换流变压器和1台平波电抗器，全部具有完全自主知识产权。在研制过程中，宓传龙对技术人员有三项基本要求：一是快，二是好，三是省。那个时候研发工作面临着许多困难，而技术准备周期只有短短三个月，宓传龙亲自主持每一次技术讨论会，每次都是必须出了成果才能结束。他对待科研工作非常认真，为了确保设计精确，他要求所有图纸上不能出现一点问题，哪怕有一个小小的刮痕都要重新出图。生产过程中，他经常深入生产一线，追随每道重点生产工序，随时掌握生产进度、工艺流程和质量控制等第一手资料。2004年5月18日，西变为灵宝直流工程自主研发的所有换流变压器和平波电抗器全部通过出厂试验，产品性能优良，在超高压直流输电装备国产化上实现了零的突破。

宓传龙在输变电领域做了许多创新性的工作：1991年参与设计的正负100千伏舟山直流电成套设备、2001年主持设计了低噪声高阻抗变压器研制、2004年主持完成了ZZDFPZ-29．75万千伏安MOO千伏安换流变压器等，尤其是2005年我国第一条西北电网750千伏超高压示范工程更是我国电力建设里程碑式的成就。

宓传龙自己注重技术创新，也非常鼓励年轻技术人员进行自主创新，他在公司建立了完善的创新奖励机制，使得西变公司开发出多项新产品、新技术，走在了国内变压器行业自主创新的前列。2008年宓传龙荣获科学中国人年度人物奖。

日心说点燃了近代科学革命的火炬——尼古拉·哥白尼

哥白尼于1473年生于波兰东部的托伦。他的父亲是一位曾经当过市长的商人，母亲是一位富商的女儿。他是家中最小的孩子。在他10岁时，父亲染上瘟疫死亡。全家由舅父接济。哥白尼在文化名城沃茨瓦维克读了中学，1491年哥白尼进入克拉科夫雅盖隆大学，在天文学家勃鲁泽夫斯基的指导下研读天文学和数学。

1496年，为了进一步深造，哥白尼前往欧洲文艺复兴的中心意大利留学，继续钻研数学、天文学、医学和法学，博洛尼亚大学的天文学家诺瓦拉对哥白尼影响极大，在他那里学到了天文观测技术以及希腊的天文学理论。期间他结识了文艺复兴的杰出人物达·芬奇，并且拜敢于向旧观念挑战的学者诺瓦拉为师。正是在诺瓦拉的影响下，他开始对地心说产生了怀疑。

哥白尼在1515年就已经写成“太阳中心学说”的提纲——《天体运行论》，可是《天体运行论》一书却直到1543年他临终时才出版。他在《天体运行论》一书的序言里提到这种情况时说：“在漫长的岁月里，我曾经迟疑不决。”

哥白尼对于这本著作的出版，为什么要“迟疑不决”呢？原因就在于他害怕教会对这一新兴科学理论进行迫害。

早在哥白尼旅居意大利的时候，教皇亚历山大六世就宣布圣谕，禁止印行未经教会审查的书籍，可疑的书籍一律焚毁。

1506年哥白尼从意大利返回祖国时，亲眼看到过宗教裁判官对胡斯分子的血腥镇压，许多密谋聚会的人都被抓起来活活烧死。在他担任弗隆堡大教堂修士的瓦尔米亚教区，他舅父务卡施大主教死后，几个继任的大主教都三令五申地“查禁邪教”并对修士们严加监视。他们认为哥白尼是个“叛教者”，直到他临终时，身边还有上司所布置的密探和奸细。

主使迫害哥白尼的，是波兹南宗教裁判官霍兹乌施，他是一个焚书的狂徒，后来升任波兰大主教。他甚至连哥白尼的亲朋好友都看成眼中钉，恣意迫害，其中包括修士亚历山大·斯古尔捷特和女管家安娜。

斯古尔捷特虽是个修士，却信奉无神论，自己不做圣功，别人做圣功他还嘲笑。他对哥白尼十分钦佩，两人是关系密切的知己。这就引起霍兹乌施和新任主教扬·丹提谢克的猜忌。丹提谢克是个很阴险的家伙，他看出如果《天体运行论》出版，他所维护的神学殿堂就会土崩瓦解。于是，丹提谢克开始向哥白尼步步进逼。他首先要哥白尼和斯古尔捷特断绝往来，遭到哥白尼的严词拒绝。斯古尔捷特后来被罗马教廷拘捕。

不久，丹提谢克又根据弗隆堡教长的告密，强迫哥白尼和安娜脱离关系。哥白尼和安娜同居已近10年，感情很深。哥白尼向丹提谢克这个无理的要求提出抗议，但丹提谢克说安娜已使哥白尼“失魂落魄”，为了他的“灵魂得救”，他勒令安娜立即迁出弗隆堡。哥白尼在悲愤之下，几次要扯下身上的僧袍，扬言要还俗。为了使哥白尼的写作工作能继续下去，安娜忍痛离开了箭楼。过了一段时间，她又被驱逐出境。

在埃尔布郎格城里还上演了一幕丑陋的戏剧。它讽刺一个装腔作势的天文学家把自己的著作锁在柜子里，满嘴胡言乱语，最后被魔鬼套上大车送进了地狱。这幕戏当然是影射哥白尼的。原来，哥白尼阐明当时连续出现彗星完全是大自然的现象、和人们的生活毫不相干的论文的发表，得罪了教会，教会就采取这种卑鄙的伎俩对哥白尼进行公开的侮辱。

尽管环境很险恶，哥白尼并没有妥协。1541年，他最后下决心将他的著作付印。哥白尼将他几十年来心血的结晶——《天体运行论》的手稿，交给他的朋友柳瓦巴教区的主教铁德曼，铁德曼又转交给列提克。列提克因被莱比锡大学请去教书，便将这本书的出版工作交给他的朋友、纽伦堡的一个出版商奥塞安德尔。奥塞安德尔曾学过天文学，他在领袖梅兰赫东的授意下，窜改了原稿，删减了哥白尼学说的一些内容，力求使科学迁就当时社会的旧有认识。

1543年5月24日，当这部巨著印好送到弗隆堡时，久病的哥白尼已危在旦夕。御医梭尔法把书放到被子上，并把哥白尼的手放到书上，哥白尼用他无力的手抓住了书本。一小时以后他就与世长辞了。

哥白尼创立的日心说，即名著《天体运行论》的发表，不但是天文学上的一次伟大革命，推动了天文学研究的飞速发展，而且引起了人类宇宙观的重大革新，沉重地打击了封建神权的统治，“从此自然科学便开始从神学中解放出来”。